星球研究所 著

少年中国地理

秀丽南方

湖南科学技术出版社

博集天卷
CS-BOOKY

秀丽南方

穿越1万年看中国

CHINA

特别鸣谢

为本书提供影像作品的
全体机构和摄影师们！

鲜活的中国地理

"到各地去看看"，相信这是所有孩子共同的向往，我小时候也这样想。我中学毕业是在 20 世纪 50 年代初，有的同学考大学报地理专业，就是想到各地去看看，现在管这叫"旅游"。

旅游的讲究可大了，各人旅游的收益可以大不相同。苏东坡写过"庐山烟雨浙江潮"的诗，没有去过的时候难受得"恨不消"，真去了发现也就那么回事。外行看热闹，内行看门道，关键在于有没有看到"门道"。有的人旅游就是拍纪念照、买纪念品，但是也有人一路看一路问，回来有说不完的感想。旅游不仅是休闲，假如出去前做准备，回来后做整理，那旅游就成了一种学习。

这就很像古代的"游学"，读万卷书，行万里路，开阔视野，体验人生。其实世界上最初的教育就是"游学"，课堂教育是后来的事。孔子授课就不用教室，许多大学者也都有游学的经历。司马迁 20 岁左右就开始游各地的名山大川，正因为有了一生三次远游的经历，他的《史记》才会写得如此成功。

古代游学之风相当盛行，"仰观宇宙之大，俯察品类之盛"，属于治学的重要环节。如今随着技术的发展，"游学"的方式早已今非昔比。有了摄影技术、网络技术，已经可以通过图书"居家游学"，或者通过云课堂"在线游学"，效率大为提高。放在你面前的这套《少年中国地理》，就是陪你"居家游学"的图书。

《少年中国地理》是美丽和智慧交织的产物，精美的图片配上启迪性的知识，每一幅美丽山水的背后，都蕴含着一番科学的道理。这种"游学"补充了课堂教育的不足，可以将地质地理、水文气象、动物植物，甚至于历史考古的知识融为一体，渗透在锦绣山河的美景里，让你在听故事、问道理的过程中，不知不觉地增长见识。

从历史视角看地理，是这套书的一大特点。地理现象通常是从三维空间进行描述，然而《少年中国地理》别具慧眼，从地质构造演变、人类社会发展和当前国家建设三个时间尺度入手，探讨地理现象的来源，用动态演变取代静态描述，在四维时空里展现活的中国地理。

而这恰恰发挥了中国地理的长处。因为东亚大陆是拼起来的，两亿多年前华南板块和华北板块碰撞，四五千万年前印度洋板块和亚欧板块的碰撞，逐步演化形成了如今的三级阶梯地形。"一江春水向东流"的局面，是两三千万年前才出现的。因此，中国地貌本身就是一部移山倒海的活教材。

　　《少年中国地理》对各地人文历史的介绍，有助于孩子们理解中华民族壮大的过程。我们过于强调华夏文明的一元性，往往忽视了其逐步融合成长的历程。我们自称"炎黄子孙"，其实炎帝和黄帝就不见得是一家。应该歌颂的是我们祖先的凝聚力，将中原和边陲的部族逐步融合为一，才形成了世界上最大的民族。

　　"谁不说咱家乡好"，乡土地理向来是爱国爱家最有效的教育，而国内几十年来的突飞猛进，更是中国地理历史性的亮点。但是这种家国情怀是需要激发的。反差就是一种激发方式，宇航员回到地球时，会为享有地心吸引力而感到幸福；侨居海外的华人，更加能体会到强大祖国的可贵。另一种激发方式就是集中展现，像《少年中国地理》这样，把中华大地几十年巨变的真相，凝聚成图文放在我们面前。

　　有时候我们过分相信口头语言或者文字的力量，以为课堂上讲过的东西孩子们就该相信。其实依靠"灌输"的杠杆，虽然可以训练学生的适应力，却不见得真能打动他们的心，因为深入内心的教育只有通过启发这一条途径。高质量的图书和视频，是新技术支持下进行新型教育的好形式。学生自己看、自己听，从真人真事里得出结论，比考试压力下的教育有效得多。这也正是我们欢呼《少年中国地理》出版的原因。

　　教育的最高原则在于一个"真"字，应试教育的负面效应之一，就是容易误导学生去说套话、说假话，其实那是教育事业的"癌症"。近代教育家陶行知先生说过，千教万教教人求真，千学万学学做真人。衷心祝贺《少年中国地理》的出版，希望这套图书有助于推行"真"的教育，教同学们说真话，求真理，做真人。

中国科学院院士

汪品先

2022 年 6 月 30 日

以中国山河，致中国少年

地理对青少年的意义，不言而喻！它是青少年探索世界、认知世界的重要途径之一。

星球研究所创立至今已有 6 年。6 年间，我们一直致力于用极致的科普作品，和读者一起探索极致世界，解构世间万物。从 2019 年起，我们陆续出版了典藏级国民地理书"这里是中国"系列，受到了很多读者的喜爱，也获得了非常多的奖项，这让我们倍感荣幸。

在这个过程中，我们收到了许多父母、孩子的留言，他们表达了对地理的热爱，以及期望星球研究所能出版专门针对青少年的科普书籍的愿望。一位家长还分享了他用家庭投影仪给孩子投放星球研究所文章与视频的经历。

这让我们印象十分深刻，也很感动。我们逐渐认识到出版一套专门针对青少年的中国地理科普全书，是必要的。

因为中国地理的丰富，确实值得每一个中国少年去了解！

你知道中国是"万岛之国"吗？

中国不只有海南岛、台湾岛这些知名的大岛，我国总计拥有海岛超过 11000 个 [1]，还有许多有待我们了解。

你知道中国西部有一个"冰冻星球"吗？

那里生长着 5.3 万条冰川 [2]，冰储量可以装满 100 多个三峡水库 [3]。中国是全球中低纬度冰川规模最大的国家。

你知道中国曾发生过超级火山喷发吗？

大约 1000 年前，位于东北的火山——长白山发生了一次超级喷发。火山灰还漂洋过海，如雪花般散落在日本。也正是在这次喷发的基础上，才诞生了如今中国最深的湖泊——长白山天池。

---

1 数据源自自然资源部2018年发布的《2017年海岛统计调查公报》，不含港澳台数据。
2 数据源自冉伟杰等人的《2017—2018年中国西部冰川编目数据集》一文。
3 数据源自刘时银等人的《基于第二次冰川编目的中国冰川现状》一文，中国冰川储量为4300～4700立方千米。而三峡水库的总库容量为39.3立方千米。

你知道中国拥有"地球之巅"吗？

青藏高原平均海拔超过 4000 米，地壳厚度可达 80 千米[1]，是世界上最高、最厚、最年轻的高原。世界上海拔最高的山峰——珠穆朗玛峰，世界上海拔最高的山脉——喜马拉雅山脉，都位于这里。

你知道中国不只有一个"桂林山水"吗？

中国南方无数的石林、峰林、峰丛、溶洞、天坑，构成世界上规模最大、最壮观的喀斯特地貌分布区，涉及湖北、湖南、四川、重庆、贵州、云南、广西、广东等多个省（市、自治区），不仅许多地方有着类似桂林山水的美景，而且还有许多独特的喀斯特景观是桂林山水所没有的。

你知道中国真的是一个"红色国度"吗？

1000 余处以红色陡崖为主要特征的丹霞地貌，遍布中国 28 个省级行政区，江西龙虎山，安徽齐云山，福建大金湖、冠豸（zhài）山，浙江江郎山，湖南崀（làng）山，四川青城山、乐山大佛，甘肃崆峒山、麦积山皆是如此，可谓万山红遍[2]。

你知道中国的黄土高原有多独特吗？

中国黄土高原地区[3]总面积多达 64 万平方千米，是世界上最大、最厚、最连续的黄土覆盖区。这些土质疏松、利于垦殖的黄土，正是孕育华夏文明的摇篮。

你知道中国是个"季风国度"吗？

我们拥有全球典型的季风气候。每年夏天，夏季风裹挟着水汽由南向北推进。由此在中国大地上，雨带随之进退，江河也随之涨落。而每年冬天，冬季风不断南下，往往带来寒潮。

你知道中国是"哺乳动物的王国"吗？

中国是世界上哺乳动物物种最多的国家之一，有 687 种[4]哺乳动物在这片土地和水域生存。

---

1 数据源自侯增谦等人的《青藏高原巨厚地壳：生长、加厚与演化》一文。

2 此处参考黄进等人的《中国丹霞地貌分布（上）》一文。

3 黄土高原的范围存在广义与狭义之分，广义的"黄土高原地区"大致在祁连山、贺兰山以东、阴山以南、秦岭以北，太行山、管涔山以西的广大地区。此处采用广义的概念。

4 数据源自中国科学院生物多样性委员会发布的《中国生物物种名录》2022版一书。

你知道中国自古以来就是"超级工程的国度"吗?

诸多大江大河、人口及资源的分布不均等诸多原因,使得中国大地上,从古至今,一直以大量超级工程著称。古有都江堰、隋唐大运河、京杭大运河,如今则有长江三峡水利枢纽、南水北调工程、西气东输工程,以及全球最大的林业生态工程——三北防护林等。

…………

这真是一片神奇的土地!

中国少年,值得这样的中国山河!中国山河,也值得有更多热爱它、了解它的中国少年!而我们的任务,就是把中国山河用最好的方式呈现给中国少年!

于是,就有了这套《少年中国地理》。我们希望通过这套书,把中国的山河,摆到每一位中国少年的书架上。

但另一方面,中国山河的丰富,远远超出任何一套书的厚度,哪怕这套书有 1300 多页。

所以,我们更希望通过这套书,能激发每一位中国少年,由此亲身走进广阔的中国山河,做一个勇敢的中国地理探索者,这将是全中国最酷的事情之一!

请和我们一起继续那个梦想:

有一天,我们要将中国的雪山看遍。

有一天,我们要将中国的江河看遍。

有一天,我们要将中国的城市看遍。

…………

这里的我们,也包括少年的你。

星球研究所所长

耿华军

2022 年 7 月 18 日

目录

3

成 都

一片烟火人间的诞生

4

云 南

折叠出来的立体世界

山水灵动的南国

南方是指秦岭—淮河以南，青藏高原以东的地区，东临黄海、东海，南临南海。南方地区地形多样，横跨第二、第三级阶梯，其东部是河湖众多的长江中下游平原以及低山丘陵的东南丘陵，西边是四周被高山所包围的四川盆地，西南方向则是地表崎岖不平的云贵高原，在东南广阔的海面上，还散落着数千个大大小小的岛屿。

长江中下游平原、东南丘陵、四川盆地和云贵高原，四大地形区及数千里海疆共同构成了多山多水的南方地区，这些区域又有哪些独具特色的亮点呢？

长江中下游平原

长江中下游平原地区，是由长江及其支流经过长时间冲积而成，是中国三大平原之一，以地势低平、河网纵横、湖泊密布为主要特点，其内部除了平原外，还夹杂着一些低山丘陵。

这里地处亚热带，夏季高温，冬季微寒。每年夏天，从海上吹来的夏季风给长江中下游地区带来充沛的降水，年平均降水量达 800 毫米以上。丰富的降水及低洼的地势使这里形成了众多河流、湖泊，中国三大淡水湖——鄱阳湖、洞庭湖、太湖坐落于长江两岸。长江三角洲地区更是中国河网密度最大的地区之一，"水乡泽国"的称号名副其实。

水热充足、土壤肥沃的长江中下游平原给水稻的生长提供了优异的条件，是水稻的重要产地。除此之外，不计其数的湖泊、水塘为渔业养殖提供了场所，鱼、虾、蟹、贝等渔产鲜甜美味。因此，长江中下游平原地区成为当之无愧的"鱼米之乡"。

水路是重要的交通运输方式。河海互通，水网密布的长江中下游平原，为水运的发展提供了条件。古代京杭大运河的修建，连通了区域内多条东西走向的大河，成了沟通南北的大动脉。从南方到北方，一艘艘装满粮食的货船顺着大运河北上，北方的居民也顺着这条交通要道南下。便利的交通和丰富的物产让这里孕育出一座座名城商埠，成就了这一商业繁盛、熙来攘往的富饶之地。直到现在，这里的经济发展依然充满朝气。位于长江口的上海是一颗璀璨的东方明珠，武汉、南京、杭州、苏州等各大城市也铆足干劲，奋勇向前。

渤海

黄 河

黄 海

秦岭

大巴山

巫山

河 游 平 原

淮 下 中

四川盆地

长 江

长 江

东 海

横断山

雪峰山

武 夷 丘

陵

南

中央山

云

贵

高 原

东 岭

南

夷山

赤尾屿

钓鱼岛

台湾岛

东沙群岛

海南岛

西沙群岛

中沙群岛

黄岩岛

南

海

南

沙

群

岛

曾母暗沙

▲ 中国南方地区地形图

本图南方地区范围参考人教版教科书《地理》八年级下册中的
《我国的四大地理区域》地图绘制。

东南丘陵

东南丘陵地区平地面积狭小，低山丘陵与河流谷地相间分布。气候上，东南丘陵大部分地区处于亚热带，相对于纬度更高的长江中下游平原地区，这里的气候更加温暖，有的地方甚至长夏无冬。同时，东南丘陵临近海洋，水汽充足，雨量丰富。湿热的环境下，在此生长的植被四季常青，种类纷繁多样，木荷、香樟、青冈、杜英等常绿树种在这里茁壮生长。

在东南丘陵的山岭中，河流蜿蜒流淌，瀑布跌落山间，山环水绕，许多令人赞叹的山水胜景在这里诞生，如以"碧水丹山"著称的武夷山、山水甲天下的桂林等。

但这美丽的山山水水也成了人们交流的阻碍，分隔出一个个"文化孤岛"。在语言上，粤语、闽南语、潮汕话、客家话、莆仙话……各种不同的方言可能只适用于当地，相隔一座山、一条河的居民，也可能无法顺畅交流。在民俗方面，行通济、游大龙、龙母诞、盘王节……各式各样的民俗活动让人眼花缭乱。

山海交接之处，是漫长而曲折的海岸线，由此缔造出许多天然的港湾。广州、泉州等老牌港口，是古代海上丝绸之路的起点。如今，厦门、深圳、湛江等新起的海港方兴未艾，依托着这些港口，一艘艘满载着中国货物的货轮走向世界。

四川盆地

在大巴山、巫山、大娄山、龙门山等山脉环抱下的四川盆地，是中国四大盆地中纬度最低、海拔最低、物产最为富饶的盆地。四川盆地属于亚热带季风气候，夏热冬暖。相对于同纬度的长江中下游平原地区，四川盆地北部被秦巴山区守护着，冬季风难以长驱直入，因而冬季较为温暖。

四川盆地的边缘是众多高耸的山脉，在盆地内部，平原、丘陵、平行谷岭自西向东依次排布。其中，盆地西部坐落着由岷江水系冲积而成的成都平原，土壤肥沃，物产丰富，有着"天府之国"的美誉。从盆地内部到边缘高山，数千米的高差诞生了多样的气候类型，为众多动植物提供了不同的生存环境，大熊猫、川金丝猴等珍稀动物能在这里觅得一方生存家园。

四川盆地也孕育出独特的文明：宝墩文化、三星堆文化、十二桥（金沙）文化等，勾画出辉煌而神秘的古蜀文明，秦朝至三国的君王曾把这里视为重要战略之地。如今，四川盆地依旧繁华富饶，火锅、麻将、串串香、茶馆……无不透露着浓浓的人间烟火气。以成都、重庆双城为核心的经济圈，各居四川盆地的东西两侧，双星闪耀，成为带动西部经济强劲增长的双引擎。

云贵高原

位于中国第二级阶梯的云贵高原，海拔一般在 1000 ～ 2000 米，高山、盆地、河谷、丘陵交错排列，地貌类型复杂多样。这里地跨亚热带、热带，因同时受到印度洋和太平洋暖湿气流的影响，降雨充沛，年平均降水量达 1000 毫米以上。金沙江、元江、南盘江等河流奔流而下。在地表流水和地下水的溶蚀下，石灰岩广布的云贵高原变得支离破碎，形成了溶洞、石林、峰林、峰丛等地貌景观，即岩溶地貌，又称喀斯特地貌。

云贵高原西部，高山与峡谷相间分布，海拔从数十米到数千米，相差悬殊，因此这里的气候呈现出明显的垂直地带性，形成"一山分四季，十里不同天"的立体环境。从热带雨林到高山草甸，从亚洲象到胡兀鹫，不同生长环境、不同生活习性的动植物都能在这里找到适合自己的生活环境。

复杂的地形创造出许多半封闭的区域，不同地区因此相对独立发展，各自形成了独特的文化，进而分化出哈尼族、白族、傈僳族、傣族等世居少数民族，其中许多民族都是本地区所独有。他们拥有各具特色的生活方式、传统精致的民族服饰、小众多样的民族语言……共同创造出一个异彩纷呈的大家园。

我们的旅程

南方地区的旅程会先从长江中下游平原出发，探索繁盛千年的江南地区。水是江南地区的特色和灵魂，长江、钱塘江、太湖、大运河及海洋在此集结，5 座与之相关的城市轮番登场。在历史的传承和发展中，江南地区经济发达、文化繁盛，即使千余年过去，这里仍然是人们向往与偏爱的地方。

离开长江中下游平原，继续往南，到达东南丘陵，前往山海交融的福建，我们将循着一代又一代开拓者的足迹，去探寻福建是如何从一片蛮荒之地发展成为一个文化繁盛、贸

易兴旺的梦想之地。

　　走过东南丘陵，往西南方向进发，深入四川盆地，我们将前往一座充满烟火气息的古老都市——成都。在成都的西面，四姑娘山、贡嘎山等一众雪山与之遥遥相望，使得成都拥有许多"雪山观景台"。三千年来，王侯将相在这里建立丰功伟业；文人雅士在这里寻觅自己的"世外桃源"；升斗小民从四面八方会聚于此，他们共同营造了成都三千年的烟火人间。

　　最后踏入的是位于云贵高原之上的云南。一场时空大折叠中，诞生出一片汇聚万千色彩的土地。在这里，雪山、峡谷、平原形成了一个巨型的阶梯；热带、温带、寒带构成了多样的气候环境，孕育出一个"动植物王国"，或古老或年轻的物种，穿越千万年，在此相遇。不同的民族在此聚居融合，造就出精彩多元的民族文化。

　　南方的山山水水在四大地形区"因地制宜"，展现出了不一样的精彩：因水而生的江南地区、山海碰撞出的福建、烟火三千年的成都、缤纷多彩的云南。这因山水而灵动的南国，现在正等待着我们去重新发现。

◀ **水汽聚集在武夷断裂带峡谷／摄影 黄海**
季风带来的水汽在武夷山得到抬升，从而形成大量的
降水，这里的年降水量可达 2000 毫米。

1

江南

江河湖海总动员

水滋润了土壤
带来了江南的繁荣富庶
水穿过了街巷
造就出江南的温婉细腻

小桥流水，如诗如画
熙来攘往，流水游龙
如此美好的江南
怎么会不受人们偏爱呢？

▼ 江南地形图／影像来源 星图地球今日影像

江南地区主要包括长江、钱塘江下游沿岸及太湖流域，地形以平原及低山丘陵为主，属亚热带季风气候区，年降水量达 800 毫米以上。区内水网纵横、湖泊密布，主要的河流有长江、钱塘江以及连接两大水系的运河，中国第三大淡水湖——太湖坐落于此。除此之外，还有阳澄湖、石臼湖、淀山湖等湖泊，是名副其实的"水乡泽国"。

2020年GDP前十的城市

数据源自：各省（市）统计年鉴2021
注：深色处为江南范围内的城市

单位：亿元

南京	武汉	杭州	成都	苏州	重庆	广州	深圳	北京	上海
14818		16106		20170					38700

黄　海

长　江　口

江南

泰州

通扬运河

通榆运河

南通

长　江

崇明岛

佘山岛

长兴岛

常州

无锡

苏州

阳澄湖

吴淞口

上海

黄浦江

杭州

运河

太湖

缥缈峰336米

莫厘峰293米

吴淞江

湖州

西　山

漳湖

淀山湖

塔　山　300.7米

京

杭

运

河

嘉兴

杭州

钱塘江

绍兴

杭　州　湾

富春江

龙

门

浦阳江

会稽山

曹娥江

四明山1017米

姚江

四明山

宁波

甬江

舟山

在南京、杭州定都的朝代

东吴　东晋　南朝宋　南朝齐　南朝梁　南朝陈

吴越　南宋

如果说，中国有哪一个地方集中了人们对美好事物的全部想象，那么这个地方当属江南了。江南是诗，"人人尽说江南好，游人只合江南老。"唐代诗人韦庄道尽了他对江南的无限依恋。江南是画，《富春山居图》《千里江山图》等传世名画，将江南山水的精华集中在画轴之间。

那这极具诗情画意的江南在哪里呢？在历史上，江南并不是一个固定不变的地理区域。在不同阶段，它指代的范围也在不断地变化。唐宋以后，它的核心区相对固定，包括长江和钱塘江下游，以及两者之间的太湖流域，范围大致与今天的长江三角洲地区重合。就是这样一片不大的区域，历经千年，依旧充满着旺盛的生命力，仍然是万千人美好生活的理想地。

中国人之所以会对江南有着这般持续而特殊的爱，还要从江南崛起的历史说起。江南的崛起与江南地区的一大特色——水，息息相关。长江、钱塘江、太湖，串联它们的大运河以及东边的大海，在此集结。在不同的历史时期，5 座与之相关的城市轮番登场，逐一把江南推向顶峰。在这样的传承和发展中，造就了今天文化依旧繁盛、经济依旧发达的江南，也造就了中国人对江南持续千年的向往和偏爱。

▼ 西塘古镇／摄影 赵高翔
西塘古镇位于浙江省嘉兴市嘉善县，至今已有上千年历史，是江南六大古镇之一。

历史上的"江南"在哪里?

秦汉时期

唐开元二十九年（741年）

秦汉时期：江南指的是长江中游以南的地区，包括今天的湖北南部和湖南全部，一直到南岭一带，和江苏、浙江完全不搭边。而当时的长江下游一带，更多被称为"江东"，"至今思项羽，不肯过江东"里的"江东"说的就是这一区域。

唐朝：唐初期，当时全国被分成了十个"道"，其中就有江南道，包括了今天几乎整个长江以南、南岭以北，西起四川、贵州，东至东海的全部地区，可谓名副其实的"江南"地区了！唐中期，江南道又被分为江南东道、江南西道和黔中道三个部分。

宋政和元年（1111年）

明万历十年（1582年）

宋朝：把唐朝的"道"改成了"路"，并设有江南东路、江南西路和两浙路。其中的两浙路，就包括了现在的浙江、上海和江苏南部等地。

明清时期：明朝设置南直隶，辖区包括了今江苏、安徽及上海这两省一市。清顺治二年（公元1645年）又将南直隶改成江南省。

历史上的"江南"是一个变动概念，其范围总体上呈现由西到东、由大到小的变化趋势。如今人们口中的江南地区，更多的是一个历史文化区域的概念，没有确切的边界，核心区域大致与今天的长江三角洲地区重合。

画中的"江南"有多美？

　　《千里江山图》是北宋画家王希孟在他十八岁时所创作的一幅山水绢画（用丝绢做成的画）。整幅画以 11.9 米的超长画卷，描绘了一幅气势恢宏的江南山水图。画中的群峰跌宕起伏，时而高山之峰冲上云霄，时而低山丘陵连绵不断；山间的流水瀑布，则顺着山势汇入江中。江边凉亭里，有人在喝茶、下棋；江面上，三五好友游船赏景，自在逍遥。这幅画卷所用的颜料是用矿物石青和石绿制成的，因而画中的青山和绿水颜色十分绚烂。

▲ 《富春山居图·剩山图》（局部）／摄影 苏李欢
前半段《剩山图》现藏于浙江省博物馆，后半段《无用师卷》现藏于台北故宫博物院。

　　《富春山居图》是元代画家黄公望在八十多岁高龄时完成的一幅水墨山水画。这幅画卷描绘了浙江省富春江两岸初秋的景色。远景山峦连绵起伏，应接不暇；细细品看，可以发现群山间，还有三三两两的村舍、亭子点缀其中；漂浮在水面上的小渔船中，有几个戴着斗笠的人在垂钓，好不自在。不同于《千里江山图》的鲜亮，这幅画卷整体用墨淡雅，将富春江两岸的山水描绘得灵秀动人。

第 **1** 幕

长江时代的南京

首先助力江南崛起的是——长江时代！"长江时代"是从什么时候开始的呢？让我们把目光拉回一千七百多年前的西晋末年。当时，中原地区内忧外患，战乱不断，连皇帝也在北方游牧民族的入侵中丢了性命。西晋的许多王公贵族为了自保，纷纷拖家带口地向南方逃离，这就是历史上有名的"衣冠南渡"。

公元 317 年，皇族成员之一的司马睿，将长江南岸的南京作为重振晋王朝的新都城，即位称帝，东晋诞生。南京作为都城，区位优势是显而易见的。首先，长江从西北部奔腾而过，形成天堑，可以阻挡来自北方敌军的进攻，这对脆弱的东晋政权来说，至关重要。其次，即便敌人侥幸渡江成功，横亘在周围的钟山、九华山、鸡笼山、石头城等一众山地丘陵构成保卫都城的另一道屏障。除此之外，玄武湖、秦淮河等河湖则为南京设下最后一道防御。

▶ **南京主城区及其周边地图**
南京，简称"宁"，今为江苏省省会。地形主要以平原和低山丘陵为主，长江自西南向东北滔滔而去，秦淮河自南向北穿过主城区，最终汇入长江。玄武湖为主城区内最大的湖泊。

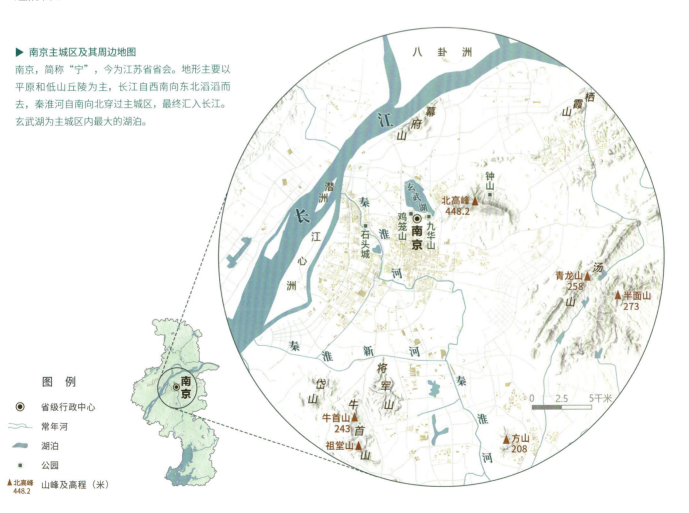

图 例
- ◉ 省级行政中心
- 〜 常年河
- ▬ 湖泊
- ▪ 公园
- ▲北高峰 山峰及高程（米）
  448.2

江 南

▲ 南京长江大桥／摄影 方飞

横跨长江两岸的南京长江大桥于 1968 年建成通
车，是由中国人自主设计和建造的双层铁路、公路
两用大桥，南京长江大桥的建成，让宽阔的长江不
再成为天堑。如今，巍然耸立的南京长江大桥成为
南京重要的标志性建筑之一。

对于如此优越的地理条件，相传三国
时期的诸葛亮做出了这样的评价："钟山
龙蟠，石头虎踞，此乃帝王之宅也。"[1] 简
单来说就是南京地势险要，易守难攻，适
宜作为都城，而历史的发展也证实了这样
的评价。东晋之后，南朝的历代朝廷也都
接连在此定都。作为都城的南京在江南地
区率先崛起。

成为都城的南京，吸引了大量百姓在
这里生活和发展。随着百姓而来的，还有
当时中原地区比较先进的农业生产技术。
有了人力和技术的双重加持，江南迎来了
轰轰烈烈的大开发，大量的土地被开辟为

---

1 引自张勃《吴录》。当前关于诸葛亮是否到过南京
并对其做出过这样的评价，各学者有不同的看法。

十朝都会南京，是哪十朝？

朝代	都城名称
◉ 三国（东吴）	建业
◉ 东晋	建康
◉ 南朝宋	建康
◉ 南朝齐	建康
◉ 南朝梁	建康
◉ 南朝陈	建康
◉ 南唐	江宁府
◉ 明朝	应天府、南京
◉ 太平天国	天京
◉ 中华民国	南京

*从三国时的东吴到民国时期，有十
个朝代或政权在南京建都，因此南
京被称为"十朝都会"。此外，南
京也有"六朝古都"之称，"六
朝"指的是中国历史上东吴、东
晋、南朝宋（或称刘宋）、南朝齐
（或称萧齐）、南朝梁（或称萧
梁）、南朝陈这六个朝代。

一块块的农田。而农田的扩张则带来了粮食产量的提高。食物充足了，人口数量进一步增长。

农业之外，商业也蓬勃发展。南京凭借着长江、秦淮河等便利的水运交通，成为江南地区人口和财富的聚集地，中外商船常常排成长队停泊在码头。城中心的内秦淮河沿岸，则变为南京最繁华的居民区和商业区。当时的秦淮河两岸，酒家林立，游船如织，堪称古代的 CBD（中央商务区）！以南京为中心的江南地区首次进入大规模发展阶段。

然而，南北朝之后的隋朝，在重新统一中国之后，将都城定在了北方。之后的南京，地位不再如此显赫，以南京为核心的长江时代就此结束。不过，江南崛起的脚步并没有就此停下，它将迎来第二个时代——运河时代。

◀ 内秦淮河／摄影 方飞
秦淮河自南向北横贯南京主城区，最终汇入长江。自古以来，秦淮河在交通运输、农业灌溉、军事防御等方面有着重要的价值，是南京历史变迁的见证者。

江南的秀丽风光和深厚的文化底蕴，让历朝历代的文人墨客为之倾倒。晚唐诗人杜牧就是其中一个，他在江南地区做官的时候，时常游赏江南的美景。而春色中的江南，更是令他沉醉。

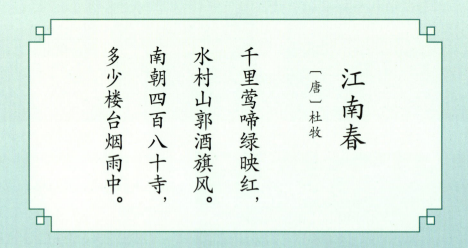

江南春

［唐］杜牧

千里莺啼绿映红，
水村山郭酒旗风。
南朝四百八十寺，
多少楼台烟雨中。

诗地：

四百八十寺：南朝时期，统治阶层大力推行佛教，在江南地区建立了很多寺院。

释义：

辽阔的江南大地上，四处黄莺歌唱，绿树红花相互掩映。举目四望，无论是傍水的村庄，还是依山的城郭，到处都能看到迎风招展的酒旗。南朝时期的人们在这里建立了很多寺院，如今又有多少亭台楼阁被蒙罩在朦胧的烟雨之中。

▲ 鸡鸣寺／摄影 熊伟
"南朝四百八十寺"之首的鸡鸣寺，坐落在南京鸡笼山的东坡。

大运河时代的扬州

南北朝后，隋朝建立，结束了中国自西晋末年以来长达近三百年的分裂局面，而它的开创者选择将都城定在北方。不过，隋朝的第二代皇帝——隋炀帝杨广是一个颇有雄才大略的统治者，为了巩固来之不易的大一统局面，加强南北方之间的经济互通，隋炀帝以举国之力，启动了一项史无前例的超级工程——开凿大运河。

仅仅六年时间，一条全长超过 2000 千米，连接钱塘江、长江、淮河、黄河和海河五大水系的大运河诞生了，这就是"隋大运河"[1]。从此，中国的南北方，也就以运河这种特殊的方式连接到一起。

▶ **扬州主城区及其周边地图**

扬州，地处长江北岸，有"中国运河第一城"之称。在隋唐大运河开凿后，位于长江与大运河交汇处的扬州，成为中国历史上较为繁华的地区之一，在当时与位于今四川地区的益州并称为"扬一益二"。

图　例

● 地级市行政中心

— 省级界

≡ 常年河

≡ 运河

■ 湖泊

---

1 隋大运河始建于公元605年，是中国历史上沟通南北的交通要道。唐宋时期，大运河各段名称虽有变化，但主要河段、走向并没有变化。后世将隋到宋时期以洛阳为中心的连通南北的运河统称为"隋唐大运河"。

在江南地区，运河将原本就密密麻麻的天然河道连成一体。串联起来的还有河流沿岸的一个个村落、一个个城镇。江南地区由此进入第二个时代——大运河时代。大运河时代背景下，一个城市正在冉冉升起，这就是位于长江北岸的扬州。

大运河开通后，扬州的南北交通枢纽地位更为突出。江南生产的大量粮食和生活用品通过大运河汇集到扬州，再由扬州转运至全国其他地方。成为货物转运中心的扬州，吸引了大批商贾（gǔ），一时间，商铺林立，车水马龙。在大运河的带动下，扬州的经济和文化实力不断提升，一度跻身全国前列。

▼ 扬州古运河／摄影 杨奎

"隋唐大运河"与"京杭大运河" 是同一条运河吗?

关于大运河的历史,可以追溯到两千五百多年前。春秋战国时期,吴王为了便于进军中原,增强北上称霸的实力,下令开凿邗(hán)沟,这就是大运河的雏形。

隋唐时期,隋炀帝为了把江南地区的物资运送到北方,在原有的天然河道和古运河的基础上,以洛阳为中心开凿大运河。北起涿(zhuō)郡(今北京市区西南),南至余杭(今杭州),分为通济渠、永济渠、邗沟和江南运河4段,这一时期的大运河称为"隋唐大运河",是当时我国沟通南北的大动脉。

宋代以后,不再作为都城的洛阳,地位大不如前。到了元代,作为都城的元大都(今北京),地位越来越重要。为了提高运河南北运送物资的效率,元朝的统治者决定在隋唐大运河的基础上裁弯取直。在今山东、江苏境内开凿了济州河和会通河,在今北京境内开凿了通惠河,最终形成了北京直达杭州的纵向大运河。这就是现今意义上的"京杭大运河"。

如今的大运河发挥了什么样的作用呢?新中国成立后,人们对京杭大运河的部分河段进行了整修和扩建。这条古老的大运河也重新发挥着航运、灌溉、防洪和排涝等重要作用。2002年,京杭大运河的部分河段被纳入了"南水北调"东线工程。长江下游的"一江清水"通过京杭大运河被源源不断地输送到干渴的华北大地。2014年,以京杭大运河、隋唐大运河和浙东运河沿线58个遗产点作为整体,申遗成功。"中国大运河"正式列入《世界遗产名录》。古老的大运河在新时代重新焕发青春的活力。

▲ 京杭大运河与隋唐大运河示意图

而大运河的缔造者隋炀帝，也曾多次沿着大运河南下巡游扬州。不过，大运河的开凿在给国家带来巨大便利的同时，也耗费了大量的人力和财力，再加上频繁的对外战争，百姓不堪重负。最终，毁誉参半的隋炀帝在扬州——这座令他迷恋的城市，被叛变的手下绞杀，隋朝随之覆灭。

繁忙的大运河以及繁华的扬州，都留给了后来的唐朝人。唐朝的统治者对前朝留下的大运河进行持续的修整和疏通，畅通的大运河也让扬州的经济和文化得以持续繁盛，甚至还成了当时文艺青年们追捧的"明星城市"。

诗仙李白的一句"烟花三月下扬州"，成为扬州最好的城市宣传语，引得文人骚客竞相效仿。曾在扬州做官的杜牧也在这里留下了数不尽的诗作，如"春风十里扬州路，卷上珠帘总不如""十年一觉扬州梦，赢得青楼薄幸名"，写尽扬州的浪漫与多情，写尽扬州的富庶和繁华。诗人张祜甚至感慨"人生只合扬州死"，这是对扬州多强烈的一种热爱啊！无数满腹才情的诗人，在这里度过了他们的黄金时代。

然而，极尽繁华与浪漫的扬州，在唐末的时候，也不得不迎来命运的转折。由于河道的淤积和藩镇混战的破坏，以扬州为核心的大运河时代就此黯淡离场。

▼ 瘦西湖／摄影 周靖宇
瘦西湖位于扬州城西北郊，湖如其名，窈窕瘦长，如同一位清秀婉丽的江南女子。冬日时分，雪后的瘦西湖银装素裹，湖泊、五亭桥和柳树枝共同构成了一幅静谧的水墨画卷。

烟花三月，江水荡漾，诗人孟浩然将从武汉乘船顺长江而下，去往繁花似锦的扬州远游，作为孟浩然好友的李白在黄鹤楼与之惜别，并写下了这首送别友人的诗作。

黄鹤楼送孟浩然之广陵

[唐] 李白

故人西辞黄鹤楼，
烟花三月下扬州。
孤帆远影碧空尽，
唯见长江天际流。

诗地：

广陵：指的是扬州。

释义：

在黄鹤楼上，我的老朋友即将与我告别。在柳絮飞扬、繁花灿烂的三月，他将顺流而下，去往扬州远游。友人的帆船渐渐离我远去，消失在碧蓝天空的尽头。只看见长江在浩浩荡荡地向天际奔流而去。

◀ 瘦西湖／摄影 吴赐欣
图中的亭子为扬州瘦西湖的吹台，又名钓鱼台，相传乾隆皇帝曾在此钓鱼。春色降临，桃花盛开，湖面水平如镜，亭台倒映湖中。

钱塘江时代的杭州

历史的车轮缓缓驶向了宋代，中国的经济重心进一步南移，江南的中心也从长江北岸向南转移。长江南边的另一条江——钱塘江，出场了。

钱塘江是浙江省内最大的河流。北边，它与大运河的最南端相接；南边，它通过浙东运河连接宁波和绍兴。而杭州就位于大运河与浙东运河的交汇点。坐拥如此便利的交通条件，属于杭州的时代即将到来。

杭州崛起的故事跟南京相似，同样是与北方战乱导致的统治者被迫南迁相关。北宋末年，金兵南下攻取都城东京[1]，北宋灭亡。之后，金兵的铁蹄进一步南下，直指江南，天堑长江成了战争的前线。

▶ **杭州主城区及其周边地图**
杭州，简称"杭"，为浙江省省会。杭州地形以丘陵山地为主。主城区内，钱塘江自西向东穿城而过，连接起北部的京杭运河与南部的浙东运河。西湖如同一颗明珠闪耀在主城区中。

图 例
◎ 省级行政中心
—— 省级界
∼ 常年河
⊔ 运河
▬ 湖泊
▲午潮山 山峰及高程（米）
  495

---

1 "东京"指的是北宋都城东京，位于今河南开封。

钱塘江大潮是如何形成的？

说起钱塘江，就不得不提到钱塘江大潮，这可谓是世界级的大自然奇观了。苏轼就曾称赞道"八月十八潮，壮观天下无"。在每年的农历八月十八日，人们会从四面八方赶来观看这一奇观。

钱塘江大潮的"潮"指的是什么？

"潮"就是潮汐中的潮。潮汐是指海水因受到太阳和月亮的引潮力作用而形成的海水周期性涨落的现象。人们通常把发生在白天的海水高潮称为"潮"，发生在夜晚的称为"汐"。

钱塘江大潮是怎么形成的呢？

引力到最大：地球在不停地做公转运动和自转运动，每年农历八月十八日（秋分日前后），地球、月球与太阳大约在同一直线上，太阳和月亮对地球的引力叠加，达到最大，这就非常有利于大潮的形成。

地形最关键：钱塘江入海的地方叫杭州湾，它的地形非常独特，就像一个大喇叭口，西面盐官镇附近河宽只有 3 千米，而东面的海湾最宽则达 100 千米。河水流到这个喇叭状

▲ 潮汐的形成示意图

河流带来的泥沙在入海口处沉积下来，这些泥沙在河水和海潮的左右"推挤"下，被塑造成了一个高出来的"门槛"，即拦门沙坎。

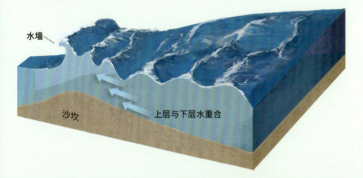

（流带来的）泥沙

沙坎

潮水

潮水层层叠加并沿沙坎上涨，最终形成"水墙"。

水墙

沙坎

上层与下层水重合

的入海口时，河面突然变宽，河水的流速急剧下降，加之与海水混合，河流携带的泥沙就在入海口快速堆积下来。在另一个方向，从大海而来的汹涌海潮，也在同时塑造着这些泥沙堆积的形状。最终，河口的泥沙在河水和海潮的两面夹击下，形成巨大的拦门沙坎。涨潮时，大量的潮水自东向西奔流而入，河道越来越窄，后面的潮水又持续急速推进，前浪跑不快，后浪又奔涌而来，层层叠加。再加上潮水在涌进窄窄的河口后，又受到河底沙坎的强大阻力，潮头只能顺势上涨，最终形成壮观的"水墙"。

◀ 钱塘江大潮的形成示意图
▼ 钱塘江观潮点／影像来源 星图地球今日影像

太湖

江　苏

上　海

湖州

嘉兴

杭　州　湾

海宁老盐仓
海宁盐官
海宁大缺口

杭州
七堡
三堡
九溪
杭州城市阳台
南星桥
下沙大桥
下沙城
萧山观潮城

绍兴

舟山

宁波

浙　　江

□ 主要观潮点

▲ 左上方为杭州西湖，正前方为杭州八卦田，南宋时期皇家的"示范田"，右侧为钱塘江／摄影 肖奕叁

　　金兵南下，已经在南京应天府[1]建立南宋政权的宋高宗只能狼狈出逃。既远离长江，又有钱塘江水运之利的杭州进入他的视线。几经周折之后，宋高宗终于将都城定在了杭州。

　　随着南宋朝廷一起南下的大量百姓，再次加速了对江南地区的大开发。甚至连皇帝都亲自下地耕种，做劳动模范，劝诫百姓勤恳劳作。在官民的共同努力下，江南地区的农业飞速发展，开始取代中原，成为国家的粮仓，"苏湖熟，天下足"的美谈在当时广为流传。

　　宋高宗把都城设在了杭州，但当时都城的名字并不叫杭州，而是叫"临安"。除此以外，杭州还有着许多其他"曾用名"，如钱塘、余杭、临江、钱唐等。你觉得这些名字中，哪个最好听呢？

---

1 南京应天府为宋朝京城之一，位于今河南商丘，而非指现在的江苏南京。

　　杭州也一跃成为当时中国最繁华的城市。它因水利之便，日益成为钱塘江两岸的货物集散地。江面上，商船首尾相接，络绎不绝。街道上，车马喧嚣，往来穿梭，好不热闹。

　　城市里最有才情的管理者，围绕杭州西部的一个湖泊，兴修水利、铺设道路、架设桥梁。他们在打造的，正是日后中国知名度最高的城市景观湖——西湖！这些管理者中，最知名的大概是苏轼了。苏轼曾先后两次到杭州任职，他主持疏通西湖，并且把淤塞西湖的葑（fēng）草（一种水生植物）和淤泥堆积成了一条长2.8千米的长堤，这就是著名的苏堤。

　　经过一代代人的不断经营，"欲把西湖比西子，淡妆浓抹总相宜"的美丽西湖诞生了！宋朝时，人们甚至还发起了一项"西湖十景"的评选活动，西湖的名气逐渐在全国范围打响，成为中国湖泊审美的典范。

你知道宋朝人评选出来的"西湖十景"都有哪些吗？我们一起来浏览一番吧！

断桥残雪
冬雪过后的西湖，银装素裹，眺望远处的断桥，若隐若现，意境悠远。

平湖秋月
秋月当空，平静的湖面映照着柔和的月光，令人迷醉。

双峰插云
南高峰与北高峰环抱西湖，峰顶有佛塔，山中白雾环绕翠峰与塔尖，时有时无，恍若仙境。

曲院风荷
南宋时期，西湖旁的曲院有一家酿酒作坊，附近种满荷花。每当夏风吹起，荷花香和酒香扑鼻而来，让人不饮自醉。

苏堤春晓
春天漫步在苏堤上，春风拂柳，桃李争妍，鸟儿欢啼，交织成最美的旋律。

柳浪闻莺　西湖东南有一处南宋时的御花园。园内柳树衬着名花，黄莺婉转啼鸣。

三潭印月
西湖中有三座空心石塔，月明之夜在塔中点灯，月光与灯光在湖面交相辉映。

花港观鱼
西湖边上的花家山有一条溪流注入西湖，故称为花港。花港旁有一"卢园"，园内有一鱼塘，文人在此观赏游鱼，吟诗作对。

雷峰夕照　每当夕阳西下，雷峰塔被笼罩在朦胧霞光之中。

南屏晚钟
傍晚时分，西湖南岸的南屏山上，总能传来净慧寺悠扬的钟声。

宝石山　玉泉山　西湖　夕照山　五老峰

N　0　250　500米

▲ 西湖十景（宋朝）分布示意图
▶ 杭州西湖曲院风荷／摄影 肖奕叁

自南宋流行的谚语"上有天堂，下有苏杭"，更是让杭州成为中国无数文人墨客心中的理想国。

就这样，钱塘江时代的江南地区持续发展，南方地区也在经济上彻底超越北方地区，而这样的优势甚至一直延续至今。

不过，城市的发展也逃不出命运的起起落落。南宋后期，蒙古人的入侵使得杭州城遭到了极大的破坏，地位大不如前。以杭州为核心的钱塘江时代，就此画上了句号。

太湖时代的苏州

钱塘江时代的落幕，并不是江南辉煌历程的终止。与杭州并称"人间天堂"的苏州，在明清时不仅崛起成为江南的代表，更是将江南温婉富足的气质推向了顶峰。

苏州的崛起，离不开一个大湖的滋养，即位于江南核心区的太湖。太湖作为中国第三大淡水湖，面积 2420 平方千米，是西湖面积的约 400 倍。太湖周围大大小小的江河、湖泊以及人工开凿的运河都与它相连。浩荡的太湖水将江南"小桥流水"的秀气一扫而空，天地变得辽阔而浩瀚。

位于太湖东边的苏州，占据了整个江南地区的中心位置。苏州凭借着丰富的物产以及便捷的交通，走上了工商业立城的发展之路。

其中，丝织业是助推苏州崛起的龙头产业。宋元时期，江南地区的人们普遍开始养蚕以及种植桑树、棉花等经济作物。而苏州在这一时期发展出色泽华丽的丝织品——宋锦。锦是带有彩色花纹的丝织品，这些彩色花纹是在织纱的同时就织出来的。这种独特又绚丽的宋锦形成于宋代末年，因为主要产地在苏州，故名"苏州宋锦"。它与南京云锦、四川蜀锦、广西壮锦被誉为中国四大名锦。

到明清时期，江南地区成为全国丝绸和棉布产量最高的地区，来自全国各地的商人云集于此，苏州正是他们进行交易的中心。清乾隆时期，在苏州的城东，几乎家家户户都从事丝织业。全城纺织机不少于一万台，染坊也有三百到四百家。中国四大名绣之一的"苏绣"，正是在这一时期发展兴盛的。与锦不同的是，绣是在已经织好的织物上用针线绣出图案。苏绣是苏州地区刺绣产品的总称。在清代，苏绣与湘绣、粤绣、蜀绣被确立为中国四大名绣。

▲ 苏绣／摄影 丁俊豪

▼ 太湖／摄影 韩阳
太湖为江苏省最大的湖泊，
中国第三大淡水湖。

▲ 同里古镇航拍／摄影 温伟栋

　　除此之外，人们穿的服装、佩戴的珠宝首饰，以及生活中的日用百货，有一大部分都来自苏州地区。苏州的能工巧匠们甚至还仿制起西洋货，做起了眼镜、万花筒等，产品品种越来越丰富。苏州这颗商业新星正在冉冉升起。

　　苏州的繁盛也带动了周边城镇的快速发展。如一个叫盛泽的城镇，在明初时，还不过是一个只有几十户人家的小村落，到明代末期就已经发展成一个拥有四五万人口的大镇。而如今声名远扬的周庄、同里等古镇也都是在明清时期壮大起来的。以苏州为中心，周围一个个城镇相继崛起，形成了如众星拱月般的市镇分布格局。

　　富裕起来之后，人们开始对生活有了更加精致的追求。苏州城中大大小小的私家园林就是当时精致生活的典型代表。著名的拙政园、留园、狮子林等园林建筑，布景精致巧妙，集亭、台、楼、阁于一体，山水交融，简直就是中国人心中诗意家园的缩影。

江南园林由哪些元素构成?

在繁华喧闹的街巷市井里，江南园林就像是一片隐逸在城中的山林。这里是古时文人墨客的志趣乐园，是他们心中的"桃花源"。它们独特精致，小小的几亩花园却能创造出一个个别致的山林世界。一个典型的江南园林，主要是由哪些元素组成的呢?

理水: 水景是江南园林的重要元素，正可谓"无水不成园"。水代表着灵动，水也代表着生气。江南水网密集，古人们利用了这个有利的条件，凿池引水，园内池塘与园外的大湖相通，小溪与河流相连。池塘、瀑布、泉水、小沟……在园林中建起了一个个不同层次的水景。

叠山: "叠石造山"是江南园林里的一大创作。古人们或是利用周边低山的山石，或是利用形状不一的湖石，在园林里以石作画，用石头堆起了悬崖、峭壁、山坡、山峰、山涧。苏州的狮子林正是假山创作中的"佼佼者"。园林中的"狮子"神态各异、大小不一，看得人们乐趣无穷。

花木: 植物是江南园林的调色板。春天玉兰、牡丹盛开，夏季满塘都是莲花，秋季枫叶染红了院落，冬天是翠竹和寒梅的世界。再加上园林里苍劲的百年古树，花木的生长装扮了园林的四季。

建筑: 江南园林的建筑外观轻巧朴素，与山、水、花、木完美地融合在一起。厅、堂、轩、馆、楼、阁、榭、坊、亭、廊，这些别样的建筑形式，在园林里被排列得错落有致。古人们或是在这里欣赏美景，或是在这里宴请宾客，或是在这里与家人共享天伦之乐。

理水、叠山、花木、建筑，江南园林的四大元素在不同建造者的构造下，组成了富于变化、精致美好的理想家园。

▼ 苏州园林留园／摄影 丁益

中国人的水乡古镇

千百年来，江南的形象似乎在人们心中总是那么温柔恬静。而要说是什么塑造了这样温婉的江南，水乡古镇必定有一席之位。位于太湖畔的苏州，更是水乡古镇的聚集地。在这里，人们可以坐着小舟摇曳在与街巷相伴的小溪上，或是走在古朴的石板路上，享受一份难得的悠闲和宁静。那在苏州，有哪些令人向往的水乡古镇呢？

▶ 苏州古镇分布图

苏州地势低平，超过 40% 的地表均被水域覆盖，辖区内有大小河流 2 万余条，湖泊 300 余个。苏州是水乡古镇的聚集地，周庄、同里、千灯、锦溪、沙溪等 15 个古镇被列为中国历史文化名镇。

▲ 同里古镇地形图

同里古镇

同里古镇始建于宋代，至今拥有一千多年的历史。它隶属于苏州吴江区，也是江南六大古镇之一。15 条河道把古镇划分为 7 个小岛，而这 7 个小岛又由 49 座小桥相互连接。

其中最特别的是横跨在三河交汇之处的"三桥"。三桥指的是太平桥、吉利桥和长庆桥，三桥呈"品"字形排列，形成了一个环形街道。每逢婚嫁之类的喜庆日子，同里人都喜欢"走三桥"，认为这是吉祥如意的象征。

同里古镇最大的特点是拥有许多精美的私家园林、大宅院、寺观和名人故居。穿过窄窄的穿心弄，欣赏江南水乡园林代表作退思园的美貌，走过三桥，在桥头上看着夕阳，惬意而浪漫。

千灯古镇

"天下兴亡，匹夫有责"，或许你听过顾炎武的这句传世警句，千灯古镇正是这位爱国主义思想家的故乡。

千灯古镇的历史文化熠熠生辉。这里有新石器时代遗址——少卿山遗址，有始建于南宋、南北延绵 1.5 千米的石板街，还有延福寺、秦峰塔等历史文化遗存。千灯古镇还是昆曲的诞生地。元代时期，昆曲鼻祖顾坚结合昆山民间小调，在这里首创了"昆曲腔"，千灯古镇也因此有着"昆曲仙乡"的美誉。千灯人唱昆曲、听昆曲的习俗一直延续至今。

来到千灯古镇，人们可以坐上小船游走在小镇街巷，走过顾炎武故居，走在古老的石板街上，再听一曲委婉细腻的昆曲，感受千年的时光流转。

▲ 千灯古镇地形图

周庄古镇

周庄位于苏州昆山市，是江南六大古镇之一，有着"中国第一水乡"之称。古镇始建于北宋，面积只有 0.47 平方千米，古镇内的四条河道大致呈"井"字形贯穿全镇。与现代城市的车水马龙不同，在这里，小舟曾是人们主要的交通工具。

自古以来，生活在周庄古镇的人与桥都有着很深的缘分，生活、生产都离不开桥。如今的周庄古镇，14 座建于元、明、清不同时期的古桥依旧伫立在河道之上。最著名的则是由世德桥和永安桥组成的"双桥"，两座桥一横一竖，呈"十"字形，十分别致。

▲ 周庄古镇地形图

同时，周庄古镇的民居依然保存着明清建筑的风貌，几百户居民傍水而居。镇上的酿酒铺、理发店、织布坊依旧有着当年重镇的繁荣。即便旺季游客熙熙攘攘，坐上小船摇摇晃晃地穿梭在小镇的河道上，也能体验到惬意的水乡生活。

如今，依旧能在苏州的这些水乡古镇中看到小桥流水、青瓦白墙、亭台楼榭。但烟雨朦胧的水乡古镇岂止在苏州，西塘、乌镇、南浔……每一个水乡古镇都是江南的温柔印记，每一个水乡古镇都有着属于自己的文化积淀。

精致生活之外，是更高的精
神文明追求。明清时期，江南涌
现出大量的才子佳人。江南四大
才子中的唐伯虎、祝枝山等，就
是当时生活在苏州的文人。而江
南女性创造的文化也在这一时期
达到鼎盛，出现了柳如是、徐灿
等几十名女性文人。她们的才情
造就了江南"多才女"的现象。

　　富庶、精致、才子佳人……
太湖时代的江南成为中国人心中
的"堆金积玉地，温柔富贵乡"。

　　历史总是惊人地相似。清末
的战火使得苏州城大部分被焚毁，
繁华之地尽成焦土。江南的太湖
时代就此终结。

 **苏州／摄影 赵雪屯**
苏州古城内，白墙灰瓦的建筑错落有
致，前景为世界著名建筑师贝聿铭设
计的苏州博物馆新馆。远处为苏州新
城，摩天大楼耸立。

海洋时代的上海

近代以来，海洋文明的浪潮猛烈拍打着中国这个东方古国，来自西方的巨轮叩开了清王朝的大门。从"江"到"河"，由"湖"到"海"，江南历史的最后一棒，由东海接过了。江南也进入了一个新的历史时期——海洋时代！位于东海之滨，长江之口的上海，在海洋文明到来时，便成了崛起的龙头。

鸦片战争战败后，上海成为五个被迫开放的通商口岸之一。作为通商口岸的上海，显现出它巨大的地理优势：大致处在中国大陆海岸线的中间，不仅和中国南、北两个方向的距离都较短，而且，它内通大陆，外连大洋，是连接内陆与海洋的关键点，因而拥有极佳的海运之便。从这里出发的商船，可以直通日本、新加坡，甚至大洋彼岸的美国。依托海洋优势，上海就此崛起。

▶ **上海地形图**
上海，简称"沪"，地处长江三角洲，扼守长江入海口。流经市区的河流主要有黄浦江及其支流。

图　例

◎ 省级行政中心
—— 省级界
〰 常年河
🝙 湖泊
▲大金山 山峰及高程（米）
　103

在上海成为通商口岸之前，外滩只是黄浦江岸边上的一个自然滩地。涨潮时，江水没过河滩，而落潮时，又露出一大片滩地。随着通商口岸的开放，一艘艘飘扬着英、美等国国旗的商船陆续登上了黄浦江岸。外滩开始成为西方列强的天下，他们在这里划定自己的"领地"，建立了英租界、美租界、法租界。租界的诞生是耻辱的，却也点燃了现代化的火种，中国第一盏电灯、第一座现代化自来水厂……近代生活设施、设备纷纷出现于此。同时，外滩也成为各国商人追逐"黄金梦"的宝地，有利银行、汇丰银行、交通银行、中国银行等十多家中资、外资银行纷纷落户外滩。

沿着黄浦江边，在1500多米长的滨江地带上，一幢幢风格各异的西方建筑依次排开，银行、商行、饭店、俱乐部一应俱全，"十里洋场"盛况空前。如今，每当夜幕降临，灯光亮起时，我们依稀能看到那个时代的灯红酒绿，车水马龙。

这便是外滩，上海"十里洋场"故事开始的地方。

▲ 外滩万国建筑群／
摄影 潘锐之

与外滩相连，有一条鼎鼎有名的大马路——南京路。作为上海开埠后的第一条商业街，南京路吸引了大量国内外资本的入驻，一时间万商云集、寸土寸金。

虽然带着西方基因出生，但将南京路推向鼎盛的却还是一批中国人。20世纪初，在这条5.5千米长的商业街上，四大百货公司先施、永安、新新及大新相继问世，它们的创始人，正是四名乘着时代浪潮而来的广东人。四大百货公司的出现，在当时开创了亚洲百货业的诸多先河：最早统一服务人员制服；最早将购物与餐饮、影院、赌场、杂耍场所融为一体；最早在百货公司使用空调系统；最早在百货公司使用自动扶梯等。这些我们现在看来稀松平常的事物，在那时却是引领时代潮流的。四大百货公司在商业上的争奇斗艳，撑起了上海南京路的繁华，也开启了中国百货的现代化历程。

如今的南京路，依旧是上海最繁华的商业街区之一，传统与现代相互交织，为这条百年老街增添了别样的魅力。

▲ 南京路夜景／摄影 吕威
南京路上密集的霓虹灯和熙熙攘攘的人群。

时光流转，转眼来到了 1993 年，在改革开放的春风中，浦东开始大开发，一个新上海高速崛起。

　　1994 年，一座高 468 米的庞然大物在浦东新区的陆家嘴平地而起，这就是当时世界第三高塔——东方明珠广播电视塔。在随后的近二十年间，上海商业大楼的建设如火如荼，三座摩天大楼相继问世：高 420.5 米的上海金茂大厦、高 492 米的上海环球金融中心和高 632 米的上海中心大厦，它们也形象地被大家戏称为"厨房三件套"。

　　在人们一次又一次的惊叹中，一栋栋拔地而起的摩天大楼不断突破城市的天际线，陆家嘴也从原先黄浦江边的"烂泥渡"，蜕变成了一片高楼林立的"钢铁森林"，处处彰显着上海雄厚的经济实力。

▼ 夜幕下的上海陆家嘴，"厨房三件套"以绝佳的高度优势矗立在黄浦江畔／摄影 张殿文

长三角地区

▲ 我国东部夜间灯光地图，中间大面积连续的明亮区域为长三角地区

夜晚时分，浦东新区灯火通明，处处释放着青春活力。黄浦江两岸，外滩和陆家嘴隔江相望，它们仿佛在进行一场穿越百年的时空对话，一老一新之间，是上海传奇的延续。

上海也是江南地区的超级交通枢纽。以上海为"心脏"，交通网络就像密布的血管一般，向全国甚至全球各地辐射蔓延。铁路方面，上海站、上海西站、上海南站、虹桥站如同一个个放射中心，从上海辐射至全国各地。航空方面，虹桥和浦东两大机场，一西一东坐镇上海门户，通达全球。海运方面，上海港连续多年成为全球集装箱吞吐量最大的港口，拥有 80 多条国际航线，来自 200 多个国家和地区的商品从这里进入中国人的生活，而众多的"中国制造"也从这里前往遍布全球的 500 多个港口。

因着通江达海的地理位置，加上现代化的运输条件，上海当之无愧地成为中国连接全球的枢纽。依托海洋而崛起的上海，现如今已成为领跑全国乃至世界的国际性大都会。更重要的是，上海的繁荣不再单单是一个城市的繁荣，它还带动了江南地区的重新崛起。凭借发达的陆运、水运和航空交通体系，统一的文化内核和深厚的商业基础，南京、杭州、苏州、无锡等长江三角洲地区的城市迎来整体繁荣，成为当今中国最具有活力的地区之一。

尾声 第 6 幕

回顾江南的发展史，我们可以看到：从因长江而崛起的南京，到因大运河而繁华的扬州；从媲美天堂的苏州、杭州，到因海洋而繁盛的上海，这5座城市仿佛参加了一场齐心协力的接力赛，让江南地区在一千多年里，不管经历怎样的浩劫，都能获得新生，为中华文明的发展贡献无数精彩。由此看来，中国人对江南的爱，能如此延续千年，也就不奇怪了。

▼ 上海陆家嘴全景／摄影 姚璇

山，是福建的底色

海，是福建的梦想

坐拥大山

面朝大海

山海交融

正是这片土地

最真实的写照

而这片大地之上

一群开拓者

即将到来

2

福建

一部开拓者的传奇

台地·平原和水面
17.61%

福建省陆地
地貌占比

山地和丘陵
82.39%

数据源自：福建省地方志编纂委员会《福建省志·地理志》

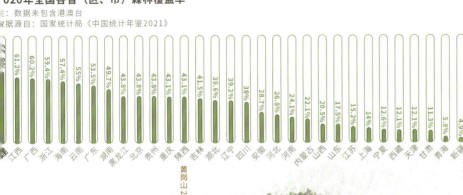

2020年全国各省（区、市）森林覆盖率

注：数据未包含港澳台
数据源自：国家统计局《中国统计年鉴2021》

61.2% | 60.2% | 59.4% | 57.4% | 55% | 53.5% | 49.7% | 43.8% | 43.8% | 43.8% | 43.1% | 43.1% | 41.5% | 39.6% | 39.2% | 38% | 28.7% | 26.8% | 24.1% | 22.1% | 20.5% | 17.5% | 15.2% | 14% | 12.6% | 12.1% | 12.1% | 11.3% | 5.8% | 4.9%

江西 | 广西 | 浙江 | 海南 | 云南 | 广东 | 湖南 | 黑龙江 | 北京 | 贵州 | 重庆 | 陕西 | 吉林 | 湖北 | 辽宁 | 四川 | 安徽 | 河北 | 河南 | 内蒙古 | 山西 | 山东 | 江苏 | 上海 | 宁夏 | 西藏 | 天津 | 甘肃 | 青海 | 新疆

▼ 福建地形图

福建省位于中国东南沿海，全省陆地面积约12.2万平方千米，简称闽，省会为福州市。福建地势西北高，东南低，山地、丘陵超过了全省陆地面积的80%，是名副其实的"山地大省"。

图 例

◉ 省级行政中心
● 地级市行政中心
～ 常年河
湖泊
⛰ 山峰

福建是一个背靠大山，面朝大海的地方。大山上梯田层层叠叠，土楼错落有致，默默诉说着大山的内敛与沉稳。大海上岛屿星罗棋布，港口之间航船络绎不绝，尽显海洋的开放和进取。

正是在这片山海交融的大地上，一群由"开拓者"演绎的传奇故事正在上演！

▼ 福建平潭／摄影 赵高翔
平潭位于福建省福州市，由 126 座岛屿组成。由于这里风力巨大，生活在这里的人们用岩石作为房屋的建筑材料，是为石头厝。

战火纷飞的中原

我们把目光拉回到一千七百多年前——那个兵荒马乱的年代。

当时，西晋刚刚灭掉位于东南的吴国，结束三国的乱世，中原地区的百姓们好不容易脱离战火，终于可以喘一口气。但是，安宁的日子没有过太久，战乱又一次摧毁了人们和平的生活：首先是皇族之间为争夺权力而引发内乱，西晋政权日渐衰弱，北边的匈奴骑兵大举南侵，最终导致西晋灭亡，史称"永嘉之乱"。

原本繁华的中原彻底沦为战场，百姓们流离失所，只能拖家带口，逃亡到相对安定的江南地区。然而，稳定的生活并没有持续太久，战火又燃到了江南。苦难的人们只好再次收拾行囊，继续南下。下一站的目的地之一，正是福建。

但问题是，福建就一定会是他们理想中的乐土吗？

中国历史上的三次人口南迁

西晋"永嘉之乱"

公元 4 世纪的西晋后期，匈奴大军攻破首都洛阳，俘虏了皇帝，最终导致西晋灭亡。这次事件发生在西晋永嘉年间，因而被称为"永嘉之乱"。为了躲避战乱，中原的大批缙（jìn）绅（shēn）和庶民百姓纷纷南下。这是中国历史上第一次大规模的人口南迁。

唐代"安史之乱"

公元 8 世纪的唐朝中后期，安禄山、史思明发动反唐战争。这场内战让唐朝国力大减，出现了藩镇割据的局面。战乱让北方地区再次出现人口南迁的现象。全国的人口重心从黄河流域转移到长江流域。

北宋"靖康之难"

靖康二年（公元 1127 年），金攻下汴京，北宋灭亡，史称"靖康之难"。北方沦陷地区遭受严重的破坏，百姓们被迫全家族一起南迁。这次人口南迁给南方地区带来了大量的劳动力和先进的生产技术。

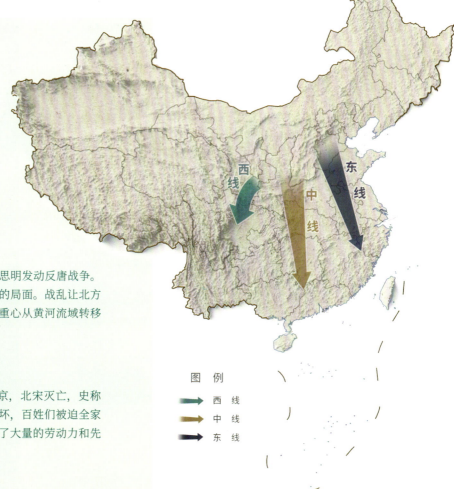

图 例

➡ 西 线
➡ 中 线
➡ 东 线

▲ 中国历史上的人口南迁路线示意图

第2幕

千山万水的『新世界』

要回答福建是不是乐土，首先，要从人们赖以生存的自然条件说起。

福建的特点就是山多。高高低低的山地和丘陵遍布全省，占福建省陆地总面积的 82.39%。从地形图上可以看到，两条大型的山系斜跨在福建省的中部和西部。中部自北向南主要由鹫峰山、戴云山和博平岭首尾相接而成，构成闽中山系。西部则是大名鼎鼎的武夷山，它南北延绵 500 多千米，宛如一道山墙，构成福建和江西的界线。

武夷山的许多山峰的海拔都超过 1500 米，其主峰黄岗山的海拔 2160.8 米，为中国大陆东南地区的最高峰。武夷山除了身材魁梧外，颜值也很高。它最引人注目的景观当数红色的丹霞地貌了。古人形容丹霞"色如渥（wò）丹，灿若明霞"，意思是颜色像润泽光艳的朱砂，灿烂得像明亮的彩霞，这正是丹霞地貌的写照。拥有丹霞地貌的武夷山山体造型奇特，有的像堡垒，有的像山墙，有的像石柱……在青绿色的森林和蜿蜒曲折的溪流的映衬下，构成了一幅秀美的山水画。

雄伟绵长的山系，也成了拦截水汽的天然屏障。夏天，携带大量水汽的夏季风从海上吹拂而来，并沿着山体爬升，当海拔升高，温度降低，水汽凝结成丰富的雨水降落山间。福建山区年降水量往往超过 2000 毫米，是北京年降水量的三到四倍。

▶ 武夷山大王峰／摄影 林文强
如宫殿般的大王峰庄严大气，山脚下，如玉带般的九曲溪环绕着大王峰流淌。

福建

　　雨水汇聚成万千溪流，从山中奔流而出，形成许多瀑布，有的飞流直下，声势浩大；有的层层跌落，轻盈如纱。大大小小的瀑布和山泉一路叮咚作响，化作密布福建全省的大江小溪。其中，发源于武夷山的闽江，是福建最长、最大的河流。除此之外，还有九龙江、晋江、汀江，以及霍童溪、交溪、木兰溪、上清溪等。

　　河流日复一日地冲刷侵蚀，在大山中留下了一条条深深的沟痕。经年累月之后，这些河流竟然也能切开山石，形成大大小小的河谷。发源于武夷山脉的九曲溪，溪如其名，曲曲折折的溪水围绕着山峰流淌，每一曲都映照着不同的山水景致。

　　山汇聚着水，水缠绕着山，构成了福建的千山万水。那么，山环水抱的福建对初来乍到的移民们来说，就是一片乐土了吗？

◀（左）武夷山青龙大瀑布，层层跌落，宛若轻纱／摄影 仇梦晗
◀（右）位于宁德市柘（zhè）荣县九龙井风景区内的瀑布，如银练般飞流直下／摄影 林文强

福建的青山、碧水、绿树、丹霞，共同构成一幅绝美的画卷。出生于福建的宋代思想家朱熹，曾在这里创建书院、开堂讲学。他的诗作《观书有感》据说便是他在福建讲学时创作的。

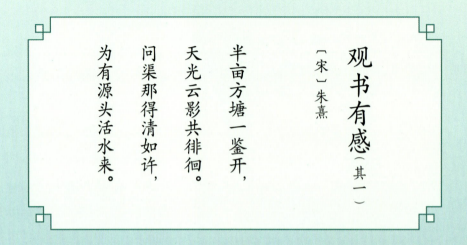

观书有感（其一）

[宋] 朱熹

半亩方塘一鉴开，
天光云影共徘徊。
问渠那得清如许，
为有源头活水来。

释义：

　　一方半亩大小的池塘澄澈得宛如一面镜子，天空中的光彩和浮云都倒映其中，缓缓移动。为什么这方池塘的水会如此清澈明净呢？这是因为源头处有源源不断的活水向它输送过来呀！

▶ 潺潺溪水流淌在武夷山间／摄影 王聿凡

翻山过河的『开拓者』

这些美丽的山山水水，在初来乍到的逃难者面前，却变成了难以逾越的阻碍。李白曾感叹过"蜀道之难，难于上青天"，但穿过蜀道之后，就能到达"天府之国"——成都平原。而在福建，人们跟跟跄跄地爬过一座山，又要渡过一条河，之后又要翻一座山……千山万水，无穷无尽！

在翻山过河的艰难旅途中，人们还要面临来自莽莽丛林的致命威胁。福建气候温暖湿润，多山多林，即便是现在，福建全省的森林覆盖率仍高达 66.8%（2020 年数据），排名全国第一。在福建生长的野生植物种类高达 5000 多种，而野生动物则有上千种，其中还包含许多珍稀动植物。

在这些珍贵的植物中，有一种非常古老的孑遗物种，叫鹅掌楸（qiū），其树叶形状独特，挂在树上时好像是晾晒着的马褂。其他的珍稀植物，如金钱松、桫（suō）椤（luó）、台湾杉、台东苏铁等，都能在福建的山林中找到。

密林中生活着黑麂（jǐ）、梅花鹿、穿山甲、苏门羚、云豹、金猫等各种动物。其中，云豹的足迹遍布福建全省，因身上有着云朵一样的不规则黑色斑纹而得名。常绿的原始森林、次生林等，都是它的生存家园。

▲ **鹅掌楸**
因外形如马褂，又名马褂木，为国家二级保护野生植物。

▶ **云豹**
因身上的花纹如云状而得名，体长 0.7～1 米，体重 20～30 千克，尾巴又粗又长，为国家一级保护野生动物。

然而，福建山林中这些生物们繁衍生息的乐园，在逃难者的眼里，却是异常凶险的。密林中藤蔓纠缠，豺狼虎豹频频出没，随时都有可能让他们命丧险途。

人们好不容易翻山过河，但还要面临另一个棘手的问题——究竟可以在哪里建立家园？

福建的地形可以用"八山一水一分田"来形容，想找一块平整的土地来种田、造屋，并不是一件容易的事情。群山之中，条件好的平地早就被当地的居民占据了，剩下的地方要么遍地沼泽，要么森林密布，处理起来相当困难。经历了千难万险的人们，这个时候也顾不上挑剔了，只能凭借落后的工具和有限的人力，勉勉强强开辟出一块容身之地。有了住的地方，并不代表可以高枕无忧了。福建当地的居民对这些挤占他们生存空间的后来者心怀不满，因而两者之间时常爆发冲突。

艰难的生存环境，使得福建人口的增长速度一直很慢。晋代时，福建只有居民8600户，到隋朝时也不过1.2万户，是南方人口稀少的区域之一。而定居下来的人们，只能勉强维持着低水平的生活。

但不久之后，这里的情况就发生了翻天覆地的变化。

第4幕

装备齐全的「新移民」

距今约 1300 年前，唐朝"安史之乱"之后，各地藩镇势力割据，互相攻伐。纷乱的战争使得中原人民再次大规模向南方迁徙，福建人口急剧增加，前所未有的大开发也随之而来。

值得注意的是，这群新移民手中也有了比以往更加先进的装备——锄头、镰刀、斧头、犁等。这些在现在看来简单落后的农具，怎么就成了"先进装备"呢？原来，早期中国农民的农具，大多是用木头、石头和生铁做成的。木石力量有限，而生铁又太脆，容易折断。从唐代起，中国人大规模运用灌钢技术，铁匠们将生铁与熟铁盘在一起，反复锤炼之后，二者之间的碳分布趋向均匀，便成了钢。钢兼有生铁的硬度与熟铁的可塑性。用钢制成的锋利农具，性能远超以往。

新移民们手握着新装备，浩浩荡荡地开启了对高山、河流、森林、沼泽的"征服"之旅。他们沿途逢山开路，遇水架桥。平地之上，他们搭起房子，点起袅袅烟火。在难以利用的沼泽地上，挖掘沟渠，将水排干，把荒野变成农田。福建东部沿海的兴化平原，在隋朝的时候还是一个长满蒲草的沼泽地，经过改造之后，竟成为福建最发达的区域之一。福建的其他三个平原——福州平原、泉州平原和漳州平原，同样也经历了这样的蜕变。

在不利于耕作的山地上，新移民们投入不亚于北方建长城的人力，挖渠筑坝，硬生生地开垦出了万亩梯田。位于尤溪县的联合梯田，层层叠叠，仿佛天梯凌空一般向山顶延伸；俯瞰时，又像是一条条密密麻麻的大地等高线，非常壮观。耕地多了，有了充足的粮食，人口数量不断攀升。唐朝时，福建人口不到 10 万户，到了北宋时期，竟增长到 46 万多户。

▶ 福建省宁德市周宁县后垅村／摄影 林祖贤
古朴的廊桥下，小溪缓缓流淌，两岸树木郁郁葱葱；弯弯曲曲的小路从山间向村落延伸；村落旁的山坡上，绿油油的梯田层层叠叠；山间轻雾缥缈，宛如世外桃源般宁静祥和。

农具

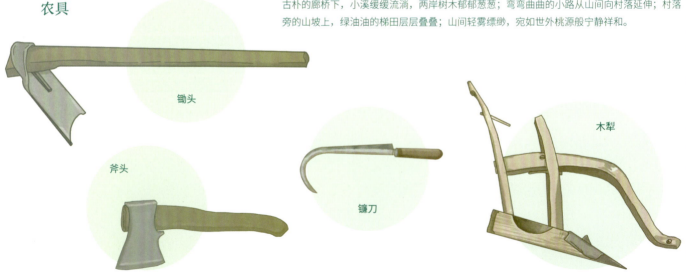

锄头

斧头

镰刀

木犁

北宋末年，金兵南下，中原地区的战火再次燃起，中国历史上第三次人口南迁也随即展开。福建，又一次变成了中原人民的避难所。这次南迁人口的规模更为庞大，往往是整个家族，成百上千人的集体迁入。除数量众多之外，身份构成也更为复杂，上至达官贵人，下至贩夫走卒，通通加入移民大军。而在与当地居民的关系上，这些移民也明智地选择了通婚。

就这样，北方移民彻底改变了福建人的血缘组成和文化认同。无论你曾经是王族、农民，还是士人，无论你的祖籍是河南、江西，还是浙江，此时此刻都有了一个全新的身份——新福建人！到南宋时，福建人口也飙升至140多万户，成为当时中国人口较为密集的区域之一。

有了大量"新福建人"的加入，福建的发展加速升级。人们因地制宜，建造出各式家园，有低调内敛的灰砖厝（厝为闽南语中对房子的称呼），有依山傍海、用石头搭建起来的石头厝，外形古朴，能够抵挡海岛的大风大浪。不过要论最为著名的，当数土楼了！这些由泥土一层层砌成，集防火、防盗于一体的奇特建筑，像一朵朵巨型蘑菇，散落在山谷中。数量之多、规模之大，让人不得不佩服福建人非凡的创造力！

福建的大地之上，一间屋子、两间屋子、三间屋子……一间间房屋拔地而起，逐渐聚集形成村落。一个村落、两个村落、三个村落……成百上千个村落在山地中诞生。村落扩大，形成市镇，市镇再扩大，升级为城市。福州、泉州等一个个城市，开始声名鹊起。

经济发达，人们安居乐业，文化也开始焕发光彩。

唐、北宋、南宋时期
福建户数对比

行政区户数（单位：户）

≤65000
≤100000
≤160000
≤260000
≤310000

共91240户　唐朝

共467815户　北宋

共1458696户　南宋

◀ 位于福州市平潭县大练岛上的石头厝／摄影 伊海
石头厝是向海而生的渔民们为了对抗台风、巨浪，就地取材搭建起来的房子。这些造型奇特的建筑浓缩了海岛渔民们的生存智慧。

▶ 福建龙岩市永定区初溪土楼群／摄影 李艺爽
土楼或圆或方，如同一个个几何符号散落在梯田旁。

田螺坑土楼群位于漳州市南靖县，俗称"四菜一汤"。

厉害了，土楼！——刀枪不入的"土城堡"

　　20世纪50年代，人们在福建注意到一种奇特的建筑。"好像大地上盛开的巨大蘑菇一样，又像是黑色飞碟自天而降，那真是不可思议的景象……我们都看呆了。"一位见过这种建筑的日本建筑学家发出了这样的惊叹。在随后的几十年，类似的建筑在福建和广东接连被外界发现。它们由泥土一层层夯实筑就，身形庞大，外形或圆或方，十分独特，人称土楼。为什么会出现这么多的土楼？是谁建造了它们？

　　公元4世纪的西晋"永嘉之乱"，拉开了中原人民的南迁序幕。从江淮进入闽南的中原移民与当地居民融合，形成以闽南话为特征的福佬民系。经江西赣州辗转进入闽西的中原移民，则形成了以客家话为特征的客家民系。明清时期，人口的快速增长迫使西部山区里的客家人向东扩张。离海洋更近的福佬人饱受倭寇的侵扰，他们向西迁移。两大族群在福建中部的一座大山——博平岭相遇了。一场激烈的地盘抢夺战在所难免。同时，他们还得时刻提防来自山中猛兽的侵袭，与当地畲（shē）族之间也是冲突不断……

　　生逢乱世的客家人和福佬人意识到，唯有家族内部团结互助，才能保卫家园。他们以各自的血缘关系为纽带，聚族而居。而一种集聚居与防卫功能于一体的民居——土楼，应运而生。

◀ 客家民系与福佬民系分布图

福佬民系以厦门、漳州、泉州、汕头、揭阳、潮州为核心分布区域，并延伸至莆田、新罗（今为龙岩市所辖新罗区）、漳平、汕尾，闽南人为其中一部分；"福佬"一词源于客家人对福建原居民的称呼。

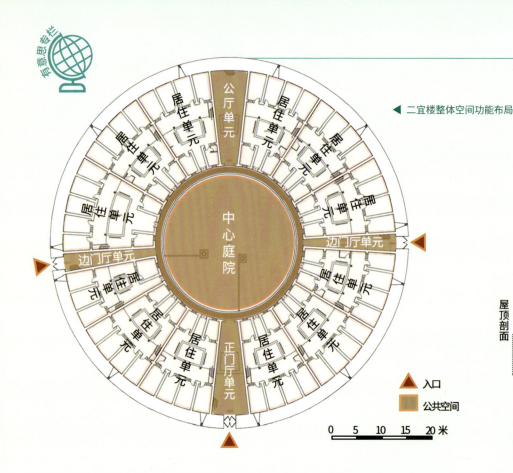

▶ 二宜楼整体空间功能布局

公厅单元
居住单元
边门厅单元
中心庭院
正门厅单元

▲ 入口
■ 公共空间

0 5 10 15 20 米

屋顶剖面

外通廊

外墙

正门

各层立剖面

当我们拆开土楼，能看到什么呢？我们以享有"楼中之楼"美称的二宜楼为例，看看土楼究竟是怎样满足当时人们的居住和防卫需求的。

📍 充足的空间

二宜楼直径有 73.4 米长，占地面积约 9300 平方米，相当于 22 个篮球场的大小。它由内外两个环楼组成。外环楼有四层，内环楼只有一层。它整体被分成了 4 个公共单元和 12 个居住单元，共有 224 个房间，最多可以容纳 500 人居住。

每个居住单元功能齐全，设有厨房、卧室、家族祠堂和储藏室，自成一个小天地，与其他单元之间互不打扰。

这些独立的居住单元都朝向一个中心，就是位于土楼中央的中心庭院。农闲时，宗族内的妇女、小孩聚在庭院中，小孩子们互相追逐玩耍，大人们则做手工、拉家常，其乐融融。逢年过节，如有重大的节庆活动，也一般在中心庭院中举行，族内宗亲围坐在一起，十分热闹。

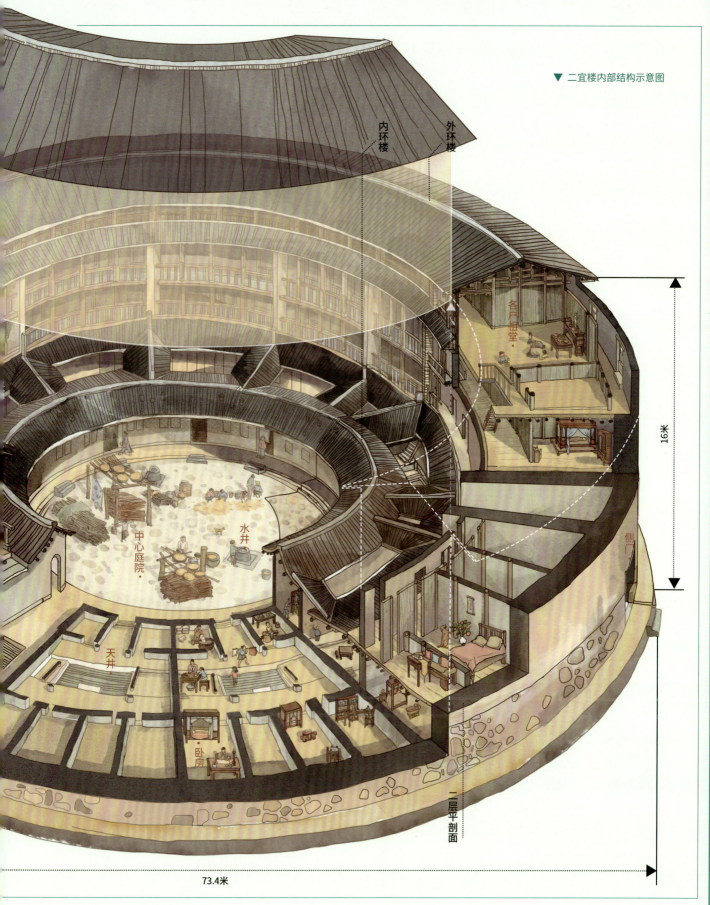

内环楼

外环楼

各户祖堂

16米

侧门

中心庭院·

水井

天井·

卧房

二层平剖面

73.4米

强大的防御功能

土楼全封闭围合，没有拐角，易守难攻。二宜楼的外墙高度达16米，墙体最厚的地方有2.5米，埋入地下至少1米深。而露出地面的墙脚则由坚硬的岩石筑成，高度超过2米，不但极其坚固，还可以防止洪水的冲击。

为了让二宜楼的防御功能更加强大，整个墙身一到三层都不设窗户，只在第四层开出小窗。一旦敌人来袭，小窗可以作为临时射击口，居高临下进行防守。而小窗之上还设置有少量大窗，平时用来通风透气，战斗时则兼具瞭望台的功能。

如果遭遇强敌封锁，也不要紧。土楼内有充足的空间，可以储藏足够多的粮食，还可以饲养家畜，楼内还有两口公用的水井。这些生活物资足以让人们维持几个月的时间，生活基本不受影响。

最特别的是，楼内的第四层还设置了一条隐蔽的通廊，连接各家各户。防御时可以运送物资、弹药等。如果土楼不幸被攻破，这条通廊还可以作为逃生的通道。

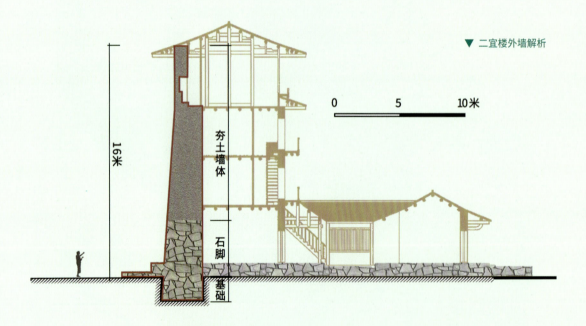

▼ 二宜楼外墙解析

于乱世之中建成的二宜楼，至今已有两百多年的历史。它以几近完美的格局和强大的防御功能，成为当之无愧的土楼王者，并在2008年7月被正式列入《世界文化遗产名录》。

随着时代的发展，家园里聚族而居、集体防卫的需求早已被打破，土楼也逐渐失去当初的辉煌。但无论如何，默默矗立的夯土墙承载着先民们保卫家园的共同心愿，承载着宗族内其乐融融的集体回忆。它，仍然是中国建筑史上的一点星光。

第5幕

百花齐放的『文化岛』

福建千山万水、支离破碎的地形，持续不断地影响着新福建人的日常生活。

首先，破碎的地形让福建形成了一个天然的"方言孕育所"。不同时期迁入的人口带着中原的口音与当地居民的语言融合，又在闭塞的小环境中独自演化，形成更多方言。这些方言，别说外地人听不懂，就连本地相隔一座山、一条河的居民，也可能难以交流。

彼此阻隔的地形也造就了一个个"文化岛屿"。福建以其特殊的地理位置和历史背景，集聚了本地人、中原人、江浙人等，南北文化在这里相互交流，相互融合，留下了许多各具特色的民俗文化。

位于漳州市的长泰区，为了感谢先人的恩德，祈求老天保佑新年一切顺利，在每年农历的正月初八，会举行一场隆重的敬天祭祖仪式——赛大猪。一头头身披红色帕子的大猪被抬到祖祠门前，整齐有序地排列，场面蔚为壮观。同时，还有评选小组对用来祭祀的大猪进行称重评奖。

▼ 赛大猪／摄影 李艺爽

在福建西部一些客家人聚集的地方,每年的正月十五会举行一项大型民俗庆典仪式——走古事。"古事"由几名身穿戏服打扮成神话故事或历史故事中人物形象的儿童组成,这些人物形象主要有刘备、诸葛亮、周瑜、刘邦等。身穿戏服的儿童踩着高跷站在轿台上,构成一个"古事棚"。十几名抬夫抬一个古事棚,穿过村里的小巷,游走在广场上;他们还会下河床,逆水而上,各个古事棚争先恐后,后棚积极追上前棚。通过走古事,村民们祈求新的一年风调雨顺,国泰民安。

而在龙岩市的姑田镇,每年的正月十五则为游大龙的日子。龙身长达上百节,长度可以超过 500 米。一次舞龙往往需要整个宗族成百上千人的参与,热闹非凡。在福州市的三溪村,每年的端午节,赛龙舟的活动会持续好几个小时,直到晚上才进入高潮,两岸灯火通明,人潮涌动,人称"龙舟夜渡"。其他各地的民俗活动还有游大粽、中秋博饼、烧塔等,多得让人眼花缭乱。

▶ (上)水榭戏台／摄影 黄恒日
水榭戏台,位于福州市衣锦坊内的孙家宅院中,始建于明朝,戏台建造在宅院花园的水池之上。

▶ (下)老君岩／摄影 施维天
老君岩位于福建省泉州市清源山风景名胜区内,是我国现存最大的道教石雕,雕刻于宋代。老君又称太上老君,是中国道教对老子的神化称呼。

▼ (左)福建省龙岩市连城县罗坊乡走古事活动／摄影 林大佺
▼ (右)福建省龙岩市连城县姑田镇游大龙活动／摄影 林大佺

同时，福建各地也发展出各自的戏剧，历史悠久，种类繁多，充满地方特色。闽东地区主要流行以福州方言演唱的闽剧；闽西地区有闽西汉剧，莆田、仙游地区流行莆仙戏；闽南地区有梨园戏、以丑角为特色的高甲戏、源自漳州方言小调的歌仔戏；闽北地区有肩膀戏、梅林戏、四平戏……整个福建大大小小的地方戏剧种类多达20余种，可谓百花齐放、百家争鸣。每逢重要的日子，福建大大小小的戏台上都能看到独特的地方戏剧，戏台上的表演者表演得有声有色，戏台下的老人看得津津有味，小孩则围着戏台嬉戏打闹，好不热闹。

在精神世界方面，人们崇拜各自的神灵，有蛇神、蛙神、猴神，以及太上老君、妈祖等，数量多达1000多种。人们为崇拜的神灵修建各类庙宇。因此，福建也成为古代中国建造庙宇最多的省份之一。这些庙宇有的依山而建，有的守望大海，有的则藏在茂密的丛林之中。建造在悬崖峭壁之上的漳州灵通寺，山间瀑布从悬崖上飞流直下，溅落在古寺之上。悬空在太姥（mǔ）山间的一片瓦禅寺，精美奇特中又带着雄伟的气势。

在一批又一批开拓者的建设下，福建已经从一个野兽出没的蛮荒之地，变成了人口众多、文化繁盛的文明之地。故事到这里似乎已经结束，然而，在开拓者的基因里，冒险拼搏不仅仅局限在陆地之上，他们已经将目光投向了更加广阔的海洋。

▲ 一片瓦禅寺／摄影 李一鸣
一片瓦禅寺建造于怪石嶙峋的太姥山夹缝中，它是一座纯铜打造的悬空铜殿。即使经过百年的风雨，依然屹立不倒。

第6幕
缓缓升起的『海洋梦』

虽然福建南北直线距离只有 500 多千米，但福建曲曲折折的陆地海岸线却绕出了 3700 多千米，长度位居全国第 2 位。海上还散布着 2200 多个岛屿。同时，因为福建沿海一带地形崎岖，近海水深，拥有可建万吨级泊位的自然岸线超 500 千米。漫长的海岸线、众多的海岛，以及多天然良港的潜力，福建潜在的海洋价值不可估量。

在很早的时候，沿海居民就开始利用海洋资源，在海上搭起村落，有些村落的历史甚至可以追溯到上千年前。渔民们以海为田，捡蛏子、插牡蛎、晾海带、捞海鱼。他们或摇着小船，或在滩涂上穿梭劳作。在落日余晖的映照下，像极了一幅生动的油画。

▶ 泉州湾／摄影 王沧海
泉州是拥有悠久历史的"港城"，也是古代"海上丝绸之路"的起点之一。图中远处为泉州湾大桥。

▼ 海上村落／摄影 邱军
福州市连江县的奇达村，渔排错落有致地铺在海面上。

　　但海洋的价值远不止于此，它还是与世界进行贸易的通道。纵观中国东南海疆，福建处于东西航路的交汇处，向东可直通日本、朝鲜，向南也可以远航至东南亚。而蜿蜒的海岸线更是缔造出大大小小的深水良港。福建地处低纬度地区，夏季盛行偏南风，冬季盛行偏北风，风向恰与海岸走向平行，可循季节顺风而航，十分便利。年复一年的季风，更为远航提供了源源不竭的动力。

　　早在秦汉时期，福建人便已经开始制造舟楫，渡海谋生。三国时代，福建则成为东吴的造船基地。到了唐宋时期，人们更是制造出既能装载大量货物，又具备优异抗风浪能力的"福船"。它具备扁宽的船身、尖细的船底，更是采用"水密隔舱"的设计，将甲板以下的船舱分隔为互不连通的分区。这样一来，即便某个分区损坏漏水，也不会波及全舱，大大减少了船难发生的概率。除此之外，指南针、牵星板等航海工具，也逐渐应用于航海，船队因而得以更精准地确认所在位置，在茫茫大海之中找准方向。

　　敢闯敢拼的福建人建造出一艘艘设备精良、适于远洋航行的海船，满载着瓷器、茶叶等商品，在他们的保护神——妈祖的庇护下，从港口泉州出发，将商品运往世界各地。

船舱

尾楼甲板

首楼甲板

尾楼甲板

主甲板

桥楼
掌控船舵的场所

首楼
用于住宿或存放工具

尾楼
用于住宿或存放工具

外观

鸦旗(桅花)

中桅(主桅)

头桅

尾桅

尖船底
可使船在风高浪急的海面
上更平稳地行驶。

锚

龙目

绞轮

升降舵

隔舱板放大

榫卯接合

流水孔
用于排放舱内积水

水密隔舱
用于存放货物、粮食或淡水，
也可用作厨房或宿舍。

桅头　装工具　装柴米　装货　人住　主桅　装水　装货　装货　装货　船长宿舍　厨房　尾桅

龙骨

肋骨

船底

铜钉钉合法

▲ 福船外观及结构示意图

▲ 武夷山茶园／摄影 黄恒日

茶树一圈又一圈地排布着，如同大地指纹。

　　海外贸易空前繁荣，也促成了泉州港迅速崛起。从唐代到元代，泉州先后超越了老牌港口宁波和广州，在元代时成为世界著名的大港口。与泉州通航的国家与地区多达 98 个，号称"梯航万国"。意大利旅行家马可·波罗曾这样描述泉州："大批商人云集于此，货物堆积如山，买卖盛况让人难以想象。"

　　随着海上贸易日趋繁荣，以出口为导向的产业席卷了福建的城市和乡村。利润更高的经济作物遍植于山岭，以此加工而成的茶叶、蔗糖，远销世界各地。其中，最具代表性的当数武夷茶，最多时曾占全国茶叶出口量的三分之一。人们在武夷山开辟无数的茶园。茶树一排排、一列列，郁郁葱葱，成为福建一道独特的风景线。手工业更是迎来了大繁荣，瓷器、铁器、漆器、绸缎等商品的海外订单源源不断，形成了具有地域特色的产业集群。

在对外交流的过程中，福建商人也走遍全球。到今天，仍有众多祖籍福建的商人在海外打拼，他们组成了一个庞大的海外华商群体。现旅居世界各地的福建籍华人、华侨，人数达 1580 万人，这几乎是一个中小型国家的人口规模了。

华侨们在当地打拼、致富，同时也将大量海外的文化带回家乡，建起一座座融合了东南亚元素、别具特色的"番仔楼"。除此之外，人们还以传统闽南建筑形式为主，吸收了部分西班牙的红砖建筑样式，在自己的家乡盖起了红砖厝。它的屋顶形如燕尾，两边向上翘起，造型夸张，气势不凡。从山间到滨海，从城镇到乡村，组成了一个红色的世界。

在近代，这种对海外文化的吸收，更是鲜明地体现在一座只有 1.8 平方千米的小岛——鼓浪屿上，岛上建起了各式各样的外国建筑，堪称"万国建筑博物馆"。一幢幢色彩鲜亮的别墅、公馆，在绿树掩映中，透露着浪漫与文艺的气质。

▼ 南安蔡氏古民居建筑群／摄影 张梓昌
红砖赤瓦，燕尾山墙，独具特色的红砖厝整齐排列。

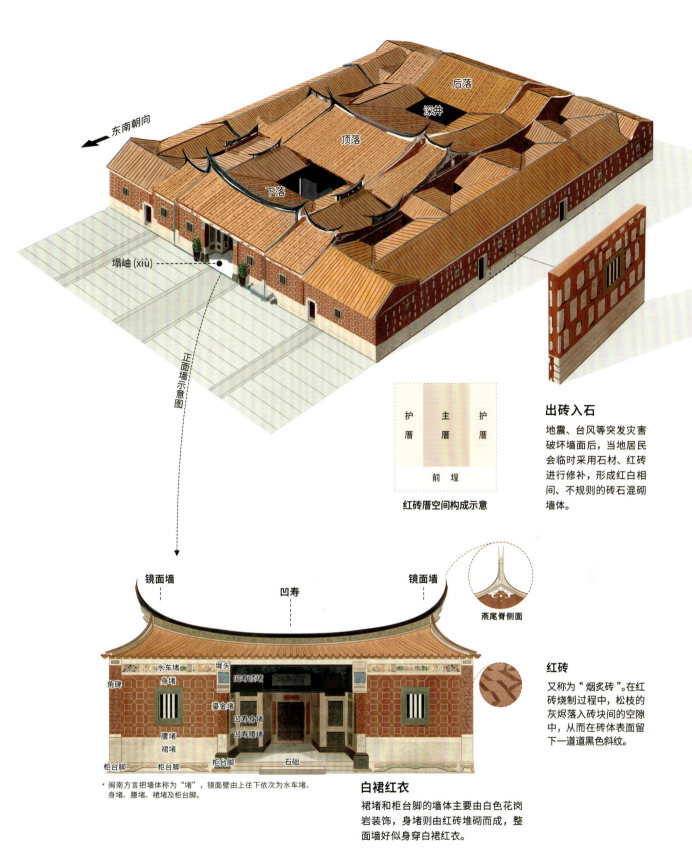

东南朝向

后落

深井

顶落

下落

塌岫 (xiù)

正面墙示意图

出砖入石

地震、台风等突发灾害破坏墙面后，当地居民会临时采用石材、红砖进行修补，形成红白相间、不规则的砖石混砌墙体。

护
厝

主
厝

护
厝

前埕

红砖厝空间构成示意

镜面墙

凹寿

镜面墙

燕尾脊侧面

红砖

又称为"烟炙砖"。在红砖烧制过程中，松枝的灰烬落入砖块间的空隙中，从而在砖体表面留下一道道黑色斜纹。

水车堵

堀头

角碑

身堵

凹寿顶堵

鎏金堵

凹寿身堵

腰堵

凹寿腰堵

裙堵

柜台脚

柜台脚

柜台脚

石础

* 闽南方言把墙体称为"堵"，镜面壁由上往下依次为水车堵、身堵、腰堵、裙堵及柜台脚。

白裙红衣

裙堵和柜台脚的墙体主要由白色花岗岩装饰，身堵则由红砖堆砌而成，整面墙好似身穿白裙红衣。

▲ 红砖厝形态及结构示意图

因海而生的千年港城——泉州

泉州，在宋元时期堪称"中国的世界海洋商贸中心"，曾与近百个国家与地区互通有无，是马可·波罗笔下的"东方第一大港"。这座因海而生的千年港城，是如何炼成的呢？

港口的崛起

泉州天然的地理条件为海上贸易的发展提供了可能。泉州地处福建东南，背山面海，拥有漫长而曲折的大陆海岸线。海岸线在百转千回之中，缔造出"三湾十二港"，它们深入陆地，水域开阔，是不可多得的深水良港。

从五代至宋元，历代政权对海洋贸易的鼓励与推动，进一步繁荣了泉州的航运。唐代后期，随着陆上丝绸之路逐渐受阻、衰落，后继的统治者逐渐将目光投向财税丰厚的海上贸易。北宋时期，朝廷在泉州设立市舶司，主管进出口贸易与航运。泉州由此与广州、明州（宁波）并列，成为国家海运大港。南宋时期，统治中心南移，泉州的地位更是与广州并驾齐驱。而到了元代，统治者大力经营泉州港，实施各种奖励政策，带动了泉州港的海外贸易走向巅峰。那时，与泉州通航的国家与地区多达98个，东亚诸国、南洋诸岛，甚至更为遥远的印度、西亚、东非，都遍布了泉州海商的足迹，号称"梯航万国"。

繁荣的海上贸易，彻底改变了泉州的面貌。一个"世界的泉州"，从此诞生。

世界的泉州

　　随着海上贸易日趋繁荣，香料、珠宝、药材等异域物产被源源不断地运往中国，而泉州的物产受到了海外市场的喜爱，泉州由此成为一座"世界制造工厂"。甘蔗、茶树等经济作物遍植于内陆的山岭，人们把它们加工成蔗糖、茶叶等商品，出口国外。手工业更是因此迎来了大繁荣，形成了具有地域特色的产业集群，如德化的白瓷、晋江的青瓷、永春的篾香、安溪的铁器、南安的漆器、惠安的石雕，以及遍布泉州各地的绸缎等。这些商品质量好、产量大，随着航船走向世界。

　　除了商贸往来外，海上丝绸之路更是带动了中西文化的碰撞与融合。各国商旅海客会聚泉州，东南亚人、波斯人、印度人、阿拉伯人，不同的人群在泉州城中和谐共处。

"海上丝绸之路"泉州通航地区示意图

安溪青阳下草埔冶铁遗址

德化窑址·屈斗宫窑址

德化窑址·尾林-内坂窑址

九日山祈风石刻

老君岩造像

伊斯兰教圣墓

洛阳桥

泉州城

磁灶窑址·金交椅山窑址

顺济桥遗址

真武庙

江口码头

石湖码头

六胜塔

安平桥

草庵摩尼光佛造像

万寿塔

围头湾

通往东南亚

图例

· 泉 州 城

· 世界遗产位置

古代官道

海上贸易通道

◀ "泉州：宋元中国的世界海洋商贸中心"申遗项目代表性遗产分布示意图

元泉州城布局示意
（1341年—1368年）

各色的面孔带来多元的文化，其中以宗教信仰最为显著。清净寺始建于北宋，是中国现存最古老的伊斯兰教寺庙，穆斯林可以在这里朝拜。开元寺始建于唐代，是如今福建规模最大的佛教寺院，佛教徒可以在这里进香。元妙观是福建最早的道观，道教徒可以在这里找到自己的神灵。泉州府文庙是东南地区最大的文庙建筑群，儒者可以在这里仰慕邹鲁遗风。天后宫始建于南宋，是中国建筑规模最大的妈祖庙之一，以海为生的人们，可以在这里找到海神妈祖的庇佑。甚至连极为罕见的摩尼教，也在泉州留下了踪迹，始建于南宋的草庵寺是国内仅存的一座摩尼教寺庙。

就这样，来自泉州各县或其他城市的货物被运送到港口，远销世界各地，而四方而来的商旅海客遍布了泉州的大街小巷，形成了一个"世界的泉州"。

📍 伟大的遗产

2021年7月25日，中国第56项世界遗产花落泉州。散落于山海之间的22个遗产点，为我们呈现了一个鲜活的"宋元中国的世界海洋商贸中心"。我们可以从洛阳桥、江口码头等历史遗址中洞悉这个宋元东方大港的神采，从开元寺、清净寺、文庙等宗教建筑中，感受这座世界宗教博物馆的神韵。因海而生的泉州，也必将继承这伟大的遗产，继往开来。

鼓浪屿有何魅力？ ——一座小岛的前世今生

拥有蓝天、海浪、鲜花和异国风情的建筑，这里是鼓浪屿；悠闲、文艺和浪漫，这里也是鼓浪屿。这个位于东南沿海的小小岛屿，是厦门独特的城市名片，是人们心中的"海上花园"，吸引全国各地的人们纷至沓来。鼓浪屿，它为什么可以有如此魅力？

📍 初遇：鼓浪屿的由来

鼓浪屿位于中国东南沿海，与厦门岛隔海相望，最近处仅相距 500 米。这座小岛是名副其实的"弹丸之地"，面积不到 2 平方千米，岸线也只有 7000 多米。每当海水涨潮时，浪击石洞，声若击鼓，鼓浪屿也因此得名。

小岛的历史也并不复杂。在宋代以前，鼓浪屿一直无人定居。宋末元初，一些出海遇上风浪的渔民和无家可归的穷苦人来此，逐渐形成了岛上最早的村落。到了明清时期，中国与东南亚、印度、朝鲜、日本乃至欧洲等国的贸易繁忙，厦门港兴起。处在出海口位置上的鼓浪屿，也变得热闹起来。但由于当时资源匮乏，加上明清两代的海禁政策，鼓浪屿一直发展迟缓。唯有不息的波涛，一直拍打着岩石。

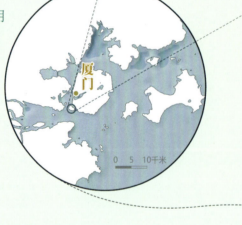

▲ 鼓浪屿位置图

◀ 鼓浪屿与其他岛屿的大小对比

上海 崇明岛
(1269.1平方千米)

福建 厦门岛
(134.8平方千米)

浙江 普陀山岛
(11.7平方千米)

厦门 鼓浪屿
(1.8平方千米)

📍 转变：西洋与南洋的碰撞

鼓浪屿的转变，发生在炮火声中。1840年，鸦片战争撞开了中国的大门，厦门作为通商口岸之一，被迫开放，西方殖民者纷至沓来。与厦门本岛仅一水相隔的鼓浪屿，自然环境优越、人口稀少，而且和厦门岛保持着若即若离的关系，因而受到青睐。

西方殖民者选择风景好而气流通畅的岛中高地，建起领事馆和洋行。这些房屋大多采用欧式风格，白墙红顶在岛上极为显眼。除了官员和商人，大量西方传教士也来到厦门，并将鼓浪屿作为其传教的基地。不同的教派建起各式各样的教堂，如协和礼拜堂，白墙、白柱、白顶，仿佛古希腊的神庙；天主堂则是典型的哥特式建筑风格；三一堂则采用中心对称布局，加上红砖墙体、方形立柱和大三角屋顶，在众多教堂中独树一帜。

与此同时，厦门乃至整个闽粤沿海的底层民众为了讨生活，组成了一股移民大潮，下南洋谋生。而这一群人，也将带领着小岛走上巅峰。经过几十年的海外闯荡，这些海外华侨中的许多人，已经积累起巨大的财富。渴望衣锦还乡的他们，被鼓浪屿宜居的自然环境和相对稳定的社会环境所吸引，他们纷纷回到这里定居，鼓浪屿因此迎来了人口的剧增。

▲ 鼓浪屿协和礼拜堂／摄影 朱金华
协和礼拜堂是岛上第一座教堂。

1878—1930年鼓浪屿人口数量变化

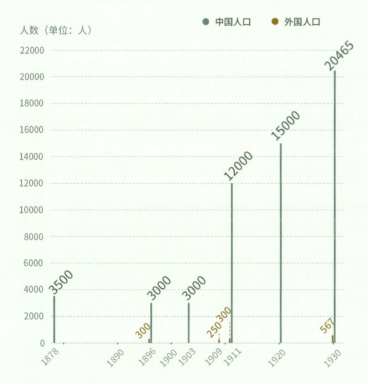

人数（单位：人）

● 中国人口　　● 外国人口

22000	20465
20000	
18000	
16000	
15000	
14000	
12000	12000
10000	
8000	
6000	
4000	3500　3000　3000
2000	300　250 300　567
0	

1878　1890　1896　1900　1903　1909 1911　1920　1930

*图中所示人口数量为估计值。

▲ 鼓浪屿天主堂／摄影 方力
鼓浪屿天主堂是厦门市仅存的一座哥特式教堂。

紧随而来的，是华人富商掀起的一场建房热潮。他们所建的建筑不同于传统的欧式风格，而是结合了西洋、闽南和南洋特色。如结合中式屋顶与西式立柱的海天堂构，结合闽南传统与外廊式建筑风格的金瓜楼，还有从台湾迁居鼓浪屿的华商领袖林尔嘉以补山藏海的理念营建的豪华私家园林——菽庄花园。

就这样，洋人的洋楼、华侨的别墅、当地人的红砖厝在鼓浪屿纷纷建起，不同文化在这里相互交融，相互映衬，把鼓浪屿从一座小村落变成了一座"万国建筑博物馆"。

图 例

— 历史道路
— 现代城市道路
▇ 代表性历史建筑、院落及设施
▇ 现代建筑
▲ 自然景观

01 鼓浪屿工部局遗址
02 鼓浪屿会审公堂旧址
03 日本警察署及宿舍旧址
04 美国领事馆旧址
05 日本领事馆旧址
06 英国领事公馆旧址
07 厦门海关理船厅公所旧址
08 厦门海关通讯塔旧址
09 厦门海关副税务司公馆旧址
10 厦门海关验货员公寓旧址
11 天主堂
12 协和礼拜堂
13 三一堂
14 英国伦敦差会女传教士宅
15 基督教教徒墓园
16 日光岩寺
17 种德宫
18 救世医院和护士学校旧址
19 博爱医院旧址
20 私立鼓浪屿医院（原宏宁医院）旧址
21 毓德女学校旧址
22 蒙学堂旧址（吴添丁阁）
23 安献楼
24 闽南圣教书局旧址
25 万国俱乐部旧址
26 洋人球埔旧址

27 延平戏院旧址
28 鼓浪屿自来水公司旧址
29 燕尾山午炮台遗址
30 三丘田码头遗址
31 英商亚细亚火油公司旧址
32 和记洋行仓库遗址
33 丹麦大北电报公司旧址
34 汇丰银行公馆旧址
35 汇丰银行职员公寓旧址
36 鼓浪屿电话公司旧址
37 中南银行旧址
38 西林·瞰青别墅
39 黄家花园
40 黄荣远堂
41 海天堂构

42 八卦楼
43 杨家园
44 番婆楼
45 菽庄花园
46 廖家别墅（林语堂故居）
47 黄赐敏别墅
48 春草堂
49 四落大厝
50 大夫第
51 黄氏小宗

◀ 海天堂构／摄影 苏华琦
海天堂构由五座建筑组成，是鼓浪屿上唯一按照中轴线对称布局的建筑群。图中为五座建筑中中西合璧的代表建筑"中楼"，在这里既能看到岭南风格的歇山式屋顶、斗拱，传统中国花鸟装饰，还能看到古希腊柱式、西洋风格的装饰，中西融合恰恰到好处。

◀ 金瓜楼／摄影 刘辰
即黄赐敏别墅，建于 1922 年，其中最有特色的便是楼顶的"金瓜"。大红的楼顶中八条"瓜棱"金黄耀眼，瓜棱的末端还向外飞出了卷草。除此之外，梁柱、檐楣、板角都有花卉、禽鸟等浮雕装饰，十分生动。

▲ 八卦楼／摄影 吴俞晨
八卦楼建于 1907 年，是由台湾商人林鹤寿出资兴建的别墅，现为鼓浪屿风琴博物馆。八卦楼为鼓浪屿别墅中体量最大、高度最高的建筑，其高约 26 米，占地面积达 11000 平方米。同时其顶部塔楼坐落于八边形的平台上，巨大的圆顶上有八条棱，因而得名"八卦楼"。

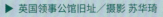

▶ 英国领事公馆旧址／摄影 苏华琦
这里地处临海开阔高地，可以观察厦门港的通航要道。

孕育：人才辈出的鼓浪屿

与此同时，与众不同的文化氛围开始在鼓浪屿上形成，八方来客在这里进行着艺术交流，塑造了鼓浪屿的音乐传统。曾几何时，岛上几乎家家户户都会传出钢琴之声，也让鼓浪屿有了"琴岛"的美誉。教会也开办学校，为鼓浪屿引进了西式教育。19 世纪末的二十几年里，这里诞生了厦门第一所新式小学、第一所女子学校、第一所幼儿园。与此同时，归国华侨们也积极参与鼓浪屿的教育和文化事业建设，创办和扶持了多所中小学。

鼓浪屿居民的自强不息加上先进的教育理念，使这里的学生多才多艺，爱好广泛。在近代不到百年的时间里，鼓浪屿培养出了众多不同领域的杰出人才。这其中有在鼓浪屿出生成长，后担任清华大学体育部主任的"中国现代体育之父"——马约翰，正是在他的示范作用下，才有了后来脍炙人口的"为祖国健康工作五十年"号召；有北京协和医院第一

位任总住院医师的妇产科医生林巧稚；有广州肿瘤医院创始人之一的廖月琴，她的儿子正是在 2003 年"非典"、2020 年"新冠"肺炎疫情中扛起抗疫大旗的共和国勋章获得者——钟南山院士；有受闽南白话字启发，制定了中国人的第一套拼音方案的卢戆（zhuàng）章；还有蜚声国际的天体物理学家余青松、果树学家李来荣、声乐表演艺术家周淑安和钢琴家殷承宗……

如今的鼓浪屿已经是"文艺""浪漫"的代名词，它凭借着自然环境的优势和浓厚的历史文化气息，从一个小小岛屿蜕变成了热门的旅游景区。每年许多慕名而来的游客，都会坐上来往于鼓浪屿和厦门岛之间的轮渡，踏上鼓浪屿。他们悠闲地漫步在鼓浪屿的小路上，或是漫无目的地探寻，或是感受着这里一百多年的文明积淀，寻找着属于自己的治愈时光。

▼ 鼓浪屿全景／摄影 陈永诚
夜幕降临，鼓浪屿渐渐笼罩在紫色的霞光中。华灯初上，游人散去，告别白天的喧闹，鼓浪屿找回了原有的平静。

尾声 第7幕

　　至此，福建已经彻底摆脱了"蛮荒之地"的标签，用发达的海上贸易、强劲的内陆经济、百花齐放的文化盛宴和遍布世界的人才网络，构筑出一个东南强省，这样的巨变令人惊叹。

　　而这一切都与一代又一代为生存和梦想而战的开拓者密切相关。是他们突破重围、劈山开路，在蛮荒之中建立家园；是他们造起海船迎风破浪，开启走向世界的征程。

　　这就是福建，一部由开拓者书写的传奇。

▲ 霞浦滩涂／摄影 都文明
霞光辉映下，海滩被染成了一片金碧辉煌，向海岸扑打着的海浪也都成了这
幅美丽画作的参与者，画出一条条优美的曲线。

3

成都

一片烟火人间的诞生

数百千米之外雪山耸立
这里拥有天然的"雪山观景房"

穿梭于大街小巷
一锅红汤，一杯清茶，一桌麻将
处处散发着都市的喧嚣与闲适

三千年来
从王侯将相到升斗小民
共同营造出独特的烟火气息

"巴适得板，安逸得喊！"
这里是鲜活的成都

成都的千年都城史　　　古蜀国

邛

峡

山

四姑娘山 6250米 ◉

图　例

◎ 省级行政中心
○ 县级行政中心
〜 常年河
▱ 湖泊
◮ 山峰

圈养大熊猫数量全球占比

34%

成都大熊猫
繁育研究基地

注：截至 2020 年，全世界圈养单位共圈养大熊猫 633 只，
其中成都大熊猫繁育研究基地圈养大熊猫 215 只。
数据源自：成都大熊猫繁育研究基地

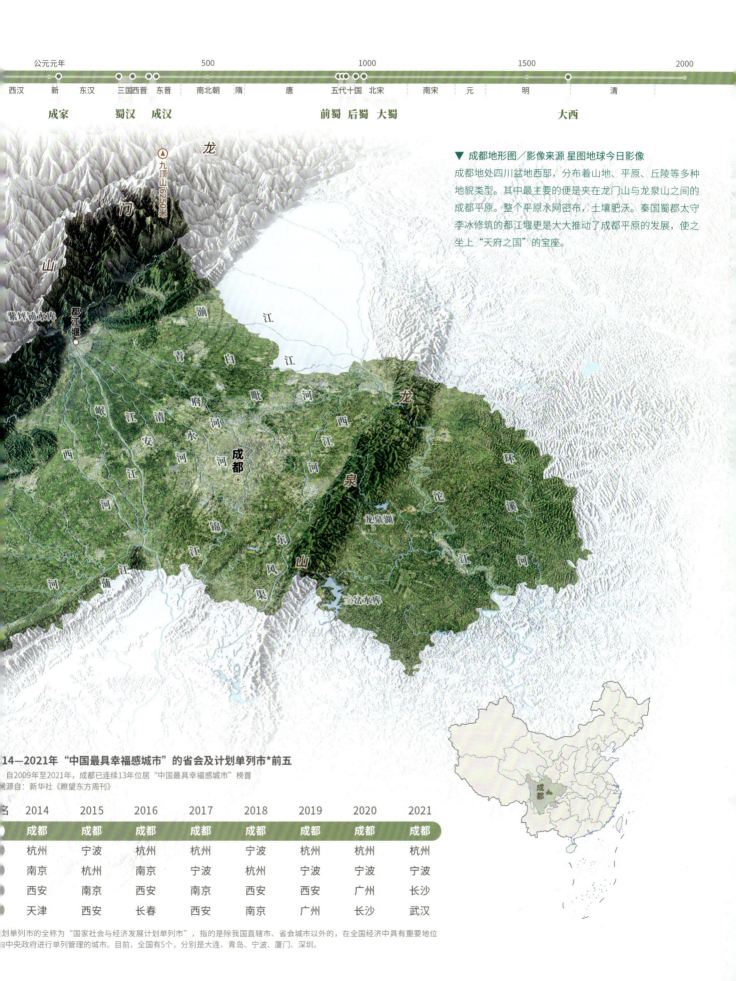

公元元年　　　　　　　500　　　　　　　1000　　　　　　　1500　　　　　　　2000

西汉　新　东汉　三国西晋　东晋　南北朝　隋　　唐　　五代十国　北宋　　南宋　元　　明　　　清

成家　　　蜀汉　成汉　　　　　　　　前蜀 后蜀 大蜀　　　　　　大西

龙
门
山

九顶山(6250米)

紫坪铺水库

都江堰

岷
江
河

西
江
河

沱
江
河

青
府
河

自
流
河

江
安
河

浦
水
河

成都

府
河

江
河

西
江
河

龙
泉
山

环
溪

江
河

东
风
渠

锦
江

蒲
河

龙泉湖

黑龙滩水库

▼ 成都地形图／影像来源 星图地球今日影像
成都地处四川盆地西部，分布着山地、平原、丘陵等多种
地貌类型。其中最主要的便是夹在龙门山与龙泉山之间的
成都平原。整个平原水网密布，土壤肥沃。秦国蜀郡太守
李冰修筑的都江堰更是大大推动了成都平原的发展，使之
坐上"天府之国"的宝座。

成都

14—2021年"中国最具幸福感城市"的省会及计划单列市*前五
自2009年至2021年，成都已连续13年位居"中国最具幸福感城市"榜首
源源自：新华社《瞭望东方周刊》

名	2014	2015	2016	2017	2018	2019	2020	2021
	成都	成都	成都	成都	成都	成都	成都	成都
	杭州	宁波	杭州	杭州	宁波	杭州	杭州	杭州
	南京	杭州	南京	宁波	杭州	宁波	宁波	宁波
	西安	南京	西安	南京	西安	西安	广州	长沙
	天津	西安	长春	西安	南京	广州	长沙	武汉

划单列市的全称为"国家社会与经济发展计划单列市"，指的是除我国直辖市、省会城市以外的，在全国经济中具有重要地位
中央政府进行单列管理的城市。目前，全国有5个，分别是大连、青岛、宁波、厦门、深圳。

成都，作为四川省的省会，是中国西部地区一个特大城市。

你可以说，它是一座"美食之城"。火锅、宫保鸡丁、麻婆豆腐、回锅肉……每一样都能给你带来一场火辣辣的舌尖之旅。

你也可以说，它是一座"雪山之城"。成都及其西边的西岭雪山、四姑娘山、贡嘎山等一众雪山，足以满足你在繁华都市中抬头遥望雪山的心愿。

你还可以说，它是一座宜居的"安逸之城"。俗话说"少不入川，老不出蜀"，这里火锅、茶馆加麻将的闲适生活，让很多人艳羡不已。

成都很难被一句话简单地概括，它对于不同的人群，似乎都有着强大的吸引力。这座位于中国西南内陆的城市，凭什么拥有这么大的魅力呢？这也许要归因于这个城市独有的气质——包容。几千年来，上至王公贵族，下至普通百姓，无论身份的贵贱、阅历的深浅，人们总能在这里找到属于自己的一方舞台。

正是在形形色色、千千万万人的共同营造下，成都，一座极具人间烟火气的城市诞生了。

▼ 成都太古里／摄影 嘉楠

▼ 成都城市文化地图

成都是四川省省会，是中国西部地区的中心城市之一，全市土地面积约 1.43 万平方千米，占全省总面积的 2.95%。锦江及其支流贯穿了成都的中心城区。

欢乐谷

凤凰山音乐公园

成都市动物园

成都大熊猫繁育研究基地

昭觉寺

金沙遗址

文殊院

永陵

339天府熊猫塔

东郊记忆

东坡公园

四川博物院

宽窄巷子

四川大剧院

春熙路

大慈寺

新华公园

杜甫草堂

青羊宫

散花楼

水井坊

塔子山公园

浣花溪公园

蜀锦织绣博物馆

百花潭公园

锦里

人民公园

成都博物馆

合江亭

安顺廊桥

武侯祠

钟楼

望江楼

东湖公园

锦城湖公园

环球中心

锦江

图例

文物古迹

文化教育机构

公园

商业区

0   1   2 千米

山山水水『造舞台』

第 *1* 幕

俗话说：一方水土养一方人。一座城市个性的形成，与塑造它的地理环境是密不可分的。

巫山、大娄山、龙门山、大巴山，分别从不同方向将四川合围，中间就形成了一个巨大的盆地——四川盆地。被众多高山环抱的四川盆地，属亚热带季风性湿润气候，空气中的水汽遇到高山的阻挡，难以消散，只能在盆地内长期"逗留"。受此影响，成都的天多是朦朦胧胧的，一年内的阴雨天可以达到 240 多天。成语"蜀犬吠日"，说的就是生活在蜀地的狗不常见到太阳，偶尔一出太阳，狗就忍不住朝天上那个"古怪"的太阳吠叫几声，人们以此来表达"少见多怪"的意思。

盆地西侧的横断山脉，属于青藏高原的边缘地带，平均海拔超过 4000 米，高耸的"身躯"上布满雪峰和冰川。"蜀山之王"贡嘎山，"蜀山之后"四姑娘山等雪山界的"大咖"屹立其中。而西岭雪山的主峰——海拔 5364 米的苗基岭，则是成都市域内的第一高峰。不过，苗基岭的山顶并非终年积雪，因此也不是严格意义上的雪山。位于四川盆地西部的成都，正紧挨着这一众雪山。于是，在这里遥望雪山，便成了一件真切而浪漫的事。

▶ （左）西岭雪山／摄影 易思超
1200 年前，"诗圣"杜甫在成都遥望"西岭"，留下千古名句："窗含西岭千秋雪，门泊东吴万里船。"不过，诗中的"西岭"，是否指的就是如今的"西岭雪山"，学界尚无定论。

▶ （右）天台山长虹瀑布／摄影 罗政
叠瀑潺潺，绿树与古桥相互映衬，清幽古朴。

102

少年中国地理：秀丽南方

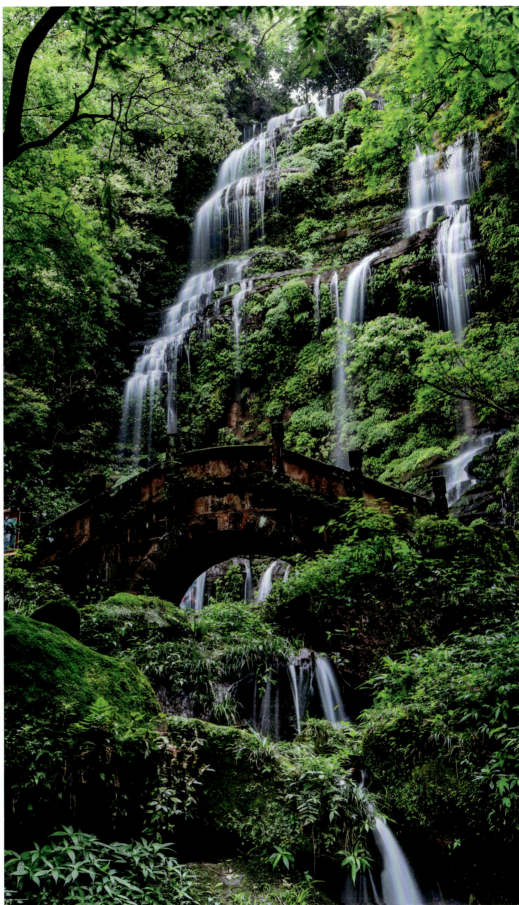

高耸的横断山和低陷的四川盆地之间，是高达几千米的巨大落差。山顶的冰雪融水和山间的降水在山中一路激荡，遇到陡坎处，则形成层层叠叠的飞瀑，飘然而下，溅起阵阵水雾，汇集成大大小小的河流。河流裹挟着山中的砾石、泥沙，滚滚而下，冲出山谷，最终在山前泻了下来。

随着时光的流逝，沉积物不断地填平补齐，在龙门山与龙泉山之间，一个面积约9100平方千米的大平原——成都平原诞生了。从高山进入成都平原的河流，流速也变得平缓起来，它们在平原上肆意流淌，形成了许多河道。

从高山到平原的巨大高差，还形成了"一山有四季"的垂直自然带，孕育出了丰富的动植物资源。海拔较低处，偏爱温暖湿润环境的楠树、槭（qì）树和樟树遮天蔽日、欣欣向荣，猕猴、藏酋（qiú）猴、野猪等动物时常在林间往来穿梭。海拔较高处，则是杉树、松树等形成的针叶林，珍稀的大熊猫、小熊猫、川金丝猴、羚牛等都在这里找到了属于自己的家园。

▲ 成都平原位置及地形示意图／影像来源 星图地球今日影像

▲（上左）大熊猫／摄影 曹铁

圆滚滚的大熊猫，实际上是爬树的高手。

▲（上右）小熊猫／摄影 邹滔

小熊猫全身呈现着明亮的红棕色，有着胖乎乎的身形、圆乎乎的脸蛋和毛茸茸的大尾巴。

▲（下左）川金丝猴／摄影 邹滔

川金丝猴主要生活在海拔 1500～3300 米的山地森林中，毛发呈金黄色，是名副其实的"金"丝猴。

▲（下右）羚牛／摄影 黄耀华

羚牛头上顶着一对向后弯曲的大角，身上又厚又柔软的毛发是适应高山气候的"生存法宝"。

　　风景优美、水系发达、土地肥沃、动植物种类丰富，这样的成都虽然称不上完美，但在四川甚至整个西南地区，都是数一数二的了。

　　一个由山山水水塑造的大舞台已经就绪，只待"人"的登场。

走，去成都看雪山！

▲ 贡嘎山和四姑娘山与成都市中心距离关系示意图

在一座繁华的都市里，吃火锅、看川剧、打麻将、逛商业街，尽情感受人间烟火，而在天气放晴时，一抬头，又能看到远处高耸洁白、仿佛脱离红尘的雪山。这样的体验，在全中国的大城市中是十分稀有的。这是为什么呢？

原因在于，成都平原的西部靠近横断山脉，横断山脉的众多雪山"俯视"着成都平原，因而在开阔的成都平原，可以极为方便地"仰视"到盆地边缘山地上的雪山。海拔6247.8米的"蜀山之后"——四姑娘山，与成都直线距离120千米；海拔7508.9米的"蜀山之王"——贡嘎山，则与成都相距240千米。距离并不算近，但关键是成都地处平原地带，视野开阔，在风轻云淡的日子里，你就极有可能欣赏到它们的英姿与美貌。

▶ 四姑娘山主峰幺（yāo）妹峰／摄影 范瑞
成都无疑是绝佳的雪山观景台，在这里抬头仰望雪山成了一件不再奢侈的事。你看，一位成都市民正坐在自家楼顶上，用最舒服的姿势眺望着远处的幺妹峰，十分惬意。

📍 "蜀山之后"：四姑娘山

　　从市区向西眺望，惊艳登场的是"蜀山之后"——四姑娘山。主峰幺妹峰"一峰独秀"，终年积雪的白色巨峰清晰可见，远比其他山峰醒目。这样的美景装点着许多人的窗户和阳台，而能够看到雪山的"雪山房"也愈发受到人们的青睐。

　　我们把视野拉近一些，清晨的幺妹峰笼罩在薄薄的云雾之中，在朝阳的映照下，仿佛披上了一层粉色的轻纱。领略过四姑娘山美景的人，大概都会情不自禁地赞叹："姑娘，你真漂亮啊！""我第一眼看到杂志上的四姑娘山西北壁时，就被这座山峰震撼，并陷入久久的沉思和狂喜之中……"一位初识四姑娘山的英国登山家曾做出这样深情的评价。

　　而到了日落时分，四姑娘山又是另外一番景象。夕阳透过远处群山间的缝隙直射而来，数道金色光柱在异常通透的天空中次第展开，四姑娘山化身为一排巨大的暗黑剪影，剪影中央最突出的山体还泛着微微的白色，那正是幺妹峰！作为近景的城市华灯初上，充满人间烟火，而远处却是高耸的雪山，光芒万丈。

"蜀山之王"：贡嘎山

　　让我们再把目光投向西南方，与成都直线距离 240 千米，比四姑娘山还远一倍的"蜀山之王"贡嘎山。清晨的成都还笼罩在薄雾之中，一片朦胧，海拔高达 7508.9 米的贡嘎山，却已然映照着曙光。微微晨光下，泛着紫气的贡嘎山耸立在地平线上，俯视着还在阴影中的成都平原，尽显王者之气。

▶ 日出时分的贡嘎山／摄影 嘉楠
图中远处为贡嘎山，前景为龙泉山。

视角近一点，再近一点。不知不觉，太阳也从东边移到了西边。落日余晖下，高大的贡嘎山呈现出完美的金字塔形，峰顶有时还会顶着一朵帽子状的云彩，日落的光辉把贡嘎山山体照得金黄，壮美无比！贡嘎山真无愧是极具王者风范的"蜀山之王"！它分隔着天上人间，连接着旷世美景。

除了这两座雪山外，在成都，我们还能看到横断山脉的其他一众雪山：龙门山、金银山、太山、嘉子峰、苗基岭等，精彩无限！来吧，择一晴天，让我们一起去成都——看雪山！

第2幕　王侯将相『立功业』

一群来自岷江上游的古人，率先发现了成都平原的价值。他们顺着岷江而下，在条件优渥的成都平原上繁衍生息，并建立了一个古老神秘的国家——古蜀国。这群人，就是古蜀人。

李白说"蜀道之难，难于上青天"，又感叹"蚕丛及鱼凫（fú），开国何茫然"，这里的"蚕丛"和"鱼凫"，就是两个古蜀国国王的名字。我们虽然只能从诗歌和神话中了解他们的名字，但古蜀人以及他们建立的古蜀国，却真真切切地存在过。通过现代的考古挖掘，人们在成都发现了金沙遗址，在成都周边地区发现了广汉三星堆等多个遗址，这些便是古蜀国都城、市镇的遗迹。

古蜀人酷爱精美的金器和巨大的象牙，这是盛大而庄严的祭祀典礼中必不可少的礼器。金沙遗址出土的象牙多到以吨计，规模之大，令人瞠目结舌。而金器则多达200多件，是中国出土金器数量最大、种类最多的先秦遗址[1]，外形怪异的黄金面具就是代表之一。同时，古蜀人对太阳有着无比的崇拜。他们在一片仅有0.2毫米厚的金箔上，凭借着高超的工艺雕刻出了四只神鸟。神鸟首尾相连，绕着太阳展翅飞翔，循环往复，生生不息，这就是太阳神鸟金箔。古蜀人超前的审美为今天的我们贡献了中国文化遗产的标志。

▲ 青铜人像／摄影 张艳
出土于金沙遗址，其身材矮小，脸形瘦瘦的，杏仁一样的眼睛睁得圆圆的，头戴涡形高帽，造型与太阳神鸟金箔上的图非常相似。这身装束即便放在现在也很时尚。

▲ 太阳神鸟金箔／摄影 张艳
出土于金沙遗址，为禁止出境文物，该图案于2005年成为中国文化遗产的标志。

▲ 黄金面具／摄影 李滨
出土于金沙遗址，新月形的眉毛略微凸起，双眼镂空，鼻梁高挺，嘴巴微张，大气威武。

1 金沙遗址距今约3000年，该时代大致与商周时期相当。

虽然古蜀国的文明已经发展到相当高的水平，但那时，人们的生活却并不是衣食无忧的。当时的岷江，就像一颗定时炸弹，每到夏季的洪水期就时常泛滥。江水在平原上肆意漫流，淹没农田、摧毁房屋，百姓深受其苦，而这也是古蜀国的都城位置和范围不断变化的原因之一。

大约在距今 2300 年前的战国末年，秦国在统一六国的过程中，灭掉了蜀国，这里也成为秦国的一个郡——蜀郡。在秦国统治下，蜀郡也由此获得了系统的升级发展。

首先，是筑城。秦王派遣官员，在成都平原仿照都城咸阳，兴建"成都城"。此后的 2000 多年，成都城址连同城市名称都没有改变过，当时兴建的成都城址就位于今天的成都市，这在中国的众多城市中也是十分独特的。其次，是设置"铁官"，专门掌管成都的冶铁业。成都附近丰富的铁矿资源得到了大开发，铁的冶炼也进入快速发展时期。到了西汉，成都甚至成为重要的冶铁中心之一。最后，是建设水利工程。当熟悉地理的李冰担任蜀郡太守后，为了治理桀骜不驯的岷江，他启动了一项史无前例的超级工程——都江堰。

▼ 都江堰水利工程全景／摄影 张铨生

▲ 成都平原上的农田／摄影 陈和勇

　　为此，李冰既做大禹，又当愚公，组织四川的百姓开河移山，将岷江一分为二，形成内、外两条江。内江流进成都市区，沿途河水用于灌溉，而外江就留给泛滥的洪水。

　　都江堰的成功建设，让成都平原的百姓不再受河水泛滥之苦，也大大促进了农业的发展，成都平原从此"水旱从人，不知饥馑（jǐn）"。原本属于关中平原的"天府之国"美誉，也被成都平原所享有。

　　而成都人为了感谢李冰治水给他们带来的福祉，将他奉为四川的保护神，他的次子李二郎，也被演绎为著名的"二郎神"。李冰父子就此成为四川重要的民间信仰之一，四川各地遍布供奉李冰父子的庙宇。

　　在随后秦统一全国的战争中，成都不但是治理蜀地的中心，也成为统一中国的大后方。来自成都的粮草、兵器被源源不断地送往前线，为秦国完成统一大业提供了重要的物资保障。

厉害了，都江堰！——跨越千年的回响

　　都江堰水利工程是一项享誉世界的古老而伟大的工程，建堰两千多年来经久不衰，至今仍然发挥作用，滋养着成都平原。而它，也曾是秦朝实现大一统的"秘密武器"！

📍 为什么要修建都江堰水利工程？

　　成都平原地势平坦、土地肥沃。然而，在修建都江堰水利工程之前，成都平原却是非涝即旱，灾荒连年，罪魁祸首正是岷江。岷江发源于岷山南侧，自西北向东南穿过成都平原，在宜宾汇入长江。岷江上游穿行于峡谷之中，河流落差极大，水流湍急。多雨季节，水量暴增的岷江在冲出山口之后，犹如脱缰的野马，漫过堤岸，肆意横流，将平原地带变成一片汪洋。另一方面，冲出山口的岷江，并没有顺直流入整个平原地带，而是迎面撞上了玉垒山，江水只能被迫向南，造成成都平原东旱西涝的局面。

　　战国时期，横扫天下的秦国成功攻灭了巴、蜀两国，将成都平原纳入自己的版图。秦国若能将岷江水患根除，广阔肥沃的成都平原必将成为极具军事战略意义的大粮仓。公元前256年，新上任的蜀郡太守李冰，正是带着这样艰巨的使命，展开了浩大的都江堰水利工程。

▲ 都江堰位置及地形示意图／影像来源 星图地球今日影像

都江堰水利工程是如何发挥作用的?

都江堰水利工程主要由三大部分组成：鱼嘴、飞沙堰和宝瓶口，三者分别发挥了分流、排沙泄洪和引水的作用。

鱼嘴

鱼嘴位于岷江分水堤坝"金刚堤"的顶端，岷江通过这里的时候，就被分流形成西侧的外江和靠近玉垒山一侧的内江。

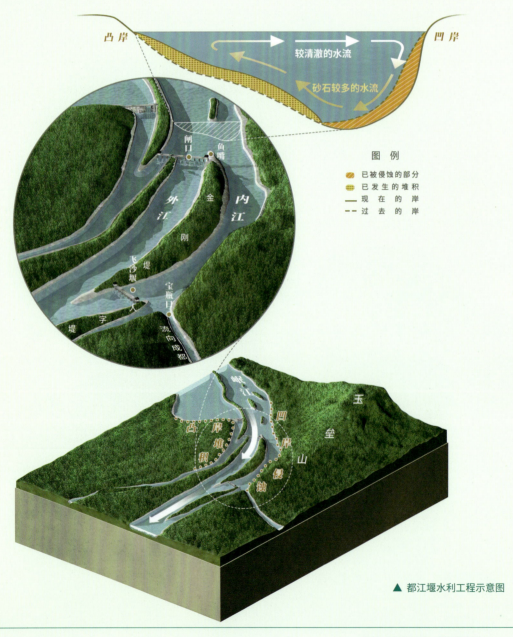

▲ 都江堰水利工程示意图

李冰借鉴了当地人用竹笼盛衣服的洗衣方法，用竹笼盛装鹅卵石，再整体投掷到江心堆积成鱼嘴，这样可以增加堆积物整体的重量，避免投到江心的石头被湍急的江水冲走。

鱼嘴分水量的设计十分精妙。内江弯曲且窄深，外江平直且宽浅，河流的流动通常呈现"大水趋直，小水坐弯"的规律，即水流量大时趋于平直，水流量小时沿着河道弯曲流动。因而丰水期水面上涨时，主流靠近外江，内外江水量比例为4:6，更多的水通过外江排出，有效避免了大量水流冲进成都平原。而枯水期水面降低时，主流靠近内江，内外江水量比例则变成了6:4，更多的水可以流入内江进行灌溉，减少成都平原旱灾的发生。

更让人赞叹的是，因鱼嘴修建于河流拐弯处，水流受离心力的作用产生了横向环流，表流指向凹岸，底流指向凸岸。与此同时，河流还在向前流动，所以上层相对清澈的水流流向凹岸的内江，下层含砂石较多的水流流向凸岸的外江，从而达到了排沙的目的。

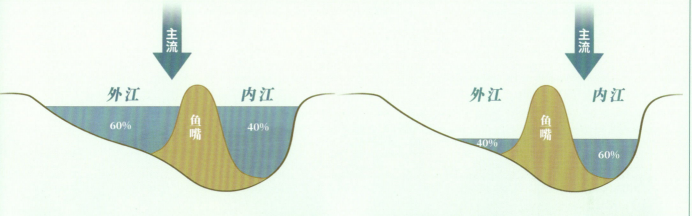

▲ 丰水期的内外江对比／摄影 邓青

▲ 枯水期的内外江对比／摄影 邓青

飞沙堰

虽然鱼嘴在排沙上发挥了一定的作用，但是仍会有少量的砂石进入内江，这时都江堰的第二个核心工程——位于金刚堤末端一段名为"飞沙堰"的低矮堰体便发挥它的作用了。飞沙堰仅比河床高出约 2 米，一般情况下，它属于内江堤岸的一部分。它同时具有泄洪和排沙两大功能。当洪水来临时，内江水位迅速抬升，高过堰体的水流便会溢出至外江，以达到泄洪的作用。与此同时，进入内江的砂石同样会受到横向环流影响，沿着堰体排泄出去，故而得名"飞沙堰"。

宝瓶口

宝瓶口是都江堰的最后一道关卡。这里原先是玉垒山，它阻挡了岷江东去的道路，致使成都平原西涝东旱。一边是洪水肆虐，一边是赤地千里，为了解决这个大难题，李冰在玉垒山硬生生凿开了一个引水口，这就是宝瓶口。

▼（左）枯水期露出水面的飞沙堰／摄影 李昌华
▼（右）丰水期水流从飞沙堰溢出／摄影 唐潮

岷江

玉垒山

宝瓶口

流向成都平原

▲ 冬季的宝瓶口／摄影 唐潮

◄ 宝瓶口位置示意图／影像来源 星图地球今日影像

在没有炸药的年代，想靠人力凿开一座山，不是一件容易的事。人们利用热胀冷缩的原理，用火把山体的岩石烧得滚烫，再把岷江冰冷的江水泼向山体，高温的岩石遇到冰冷的江水迅速冷却，就这样在一冷一热中，岩石破裂。人们再使用简单的工具，就可以一点点凿穿玉垒山，颇有愚公移山的精神。经过李冰和当地民众 8 年的共同努力，一个宽约 20米、高约 40 米、长约 80 米的山口被凿穿了，因为形状像瓶口，所以被称为"宝瓶口"，岷江之水通过这里源源不断地流向成都平原，灌溉无数良田。

都江堰水利工程的三大部分及其他辅助设施，至今仍在按部就班地对岷江进行分流、排沙、泄洪和引水，分工合作，精妙绝伦。都江堰能够有效运行两千多年，也离不开历朝历代的不断修缮。今天，我们站在鱼嘴之上，看着奔涌的江水顺从于人类的安排，不禁感叹先人的勇气与智慧。而那隆隆水声，正是跨越千年的回响！

天下大势，分久必合，合久必分。统一的秦汉之后，历史的车轮驶向纷乱的东汉末年，魏、蜀、吴三分天下。足智多谋的蜀汉丞相诸葛亮，以成都为中心经营蜀地。然而，三国的角逐不仅在于统治阶层智谋的多寡，也在于中原、吴越和巴蜀这三大核心区的经济实力强弱。

蜀汉虽然占据了成都平原的农业之利，但相对于魏和吴两个政权来说，终究疆域狭小、国力薄弱。为了增强国家的经济实力，诸葛亮必须找到新的财政增收点。一种上等的奢侈品——锦，进入了他的视野。秦汉三国时期，来自成都的蜀锦品质绝佳，风靡一时。当时的蜀锦，不但成为当地达官贵人的标配，还被大量出口到魏国、吴国，甚至远销西域各地。蜀锦行业成为蜀汉重要的支柱产业。

遗憾的是，诸葛亮"出师未捷身先死"，但诸葛亮治理蜀国的功德却被成都人记住了，他们修建起规模宏大的祠庙来纪念他，这就是现在成都的著名景点之一——武侯祠。

图 例

- - - - - - 政权部族界

———— 今 国 界

▲ 三国鼎立格局示意图（公元 262 年）

◀ "五星出东方利中国"织锦护臂／摄影 刘玉生
出土于新疆尼雅遗址，为汉晋时期的蜀锦，历经千年色彩依然艳丽，"五星出东方利中国"八个汉字清晰可辨。

《蜀相》这首诗是杜甫在成都游览武侯祠之后写下的。当时"安史之乱"没有结束，杜甫想到自己在国家危难之际，没能为国家尽一份力，而诸葛丞相却终其一生，为国鞠躬尽瘁，令他十分动容。

蜀相

〔唐〕杜甫

丞相祠堂何处寻，
锦官城外柏森森。
映阶碧草自春色，
隔叶黄鹂空好音。
三顾频烦天下计，
两朝开济老臣心。
出师未捷身先死，
长使英雄泪满襟。

诗地：

丞相祠堂：指武侯祠，位于今成都市武侯区，因诸葛亮曾被封为武乡侯而得名。武侯祠是中国唯一的君臣合祀祠庙，由武侯祠、汉昭烈庙及惠陵组成，但人们习惯将三者统称为武侯祠。

锦官城：成都的别名。三国时期，成都的蜀锦非常有名，专门设置了管理蜀锦生产的官府，叫作锦官。"锦官城"的名字源于此。

释义：

丞相诸葛亮的祠堂在哪里可以找到呢？就在成都城外那片茂密的柏树林里。漫步于此，青草映衬在石阶上，树林里黄鹂的歌声婉转动听，这是春天的气息！遥想当年，想实现统一大业的刘备曾三顾茅庐，与诸葛亮一同商讨天下大计。出山之后的诸葛亮，也先后辅助两代君主，处理国家大小事务。可惜的是，诸葛丞相出军伐魏，还没取得胜利，就病逝在军中。他的这番赤胆忠心，让古今的英雄都感动得泪满衣襟。

▲ 武侯祠／摄影 张艳
武侯祠内种植许多松柏、竹子，红墙与绿叶交相辉映。

第3幕 文人雅士『添文气』

秦朝及汉初，随着成都经济的发展，文化也蒸蒸日上。当时成都出了一位与司马迁并称"文章西汉两司马"的文人——司马相如，他是汉赋的代表作家之一。

到了唐宋时期，成都的经济达到鼎盛，人称"扬一益二"，意思是扬州第一，成都第二，成都是两汉时期益州的治所，因此成都也称益州。在国家太平之时，文人雅士们以游历成都为时尚。乱世之年，成都因远离战乱之地而成为文人们的避难所。大批文人的到来，为成都这个城市增添了文化气息。

唐中期"安史之乱"爆发，北方战乱纷飞，颠沛流离的杜甫逃难到成都。在这里，他建起自己的茅草屋，过上了相对安稳的生活。当朋友到访时，他会高兴地作诗："花径不曾缘客扫，蓬门今始为君开。"天气晴好，看到雪山时他就会激动地说："窗含西岭千秋雪，门泊东吴万里船。"下雨的时候他也会感慨："晓看红湿处，花重锦官城。"不过，他也会担心自己屋顶的茅草会被秋风吹走："八月秋高风怒号（háo），卷我屋上三重茅。"就这样，在成都生活的一点一滴都被杜甫写进了诗歌里。

◀ 杜甫草堂梅园的茅草屋／摄影 樊哲
杜甫草堂位于成都西郊浣花溪公园旁，曾遭受数次毁坏和重修，如今的杜甫草堂是在当年杜甫所居住的茅屋原址扩建而成的。图中为杜甫草堂博物馆中梅园的茅草屋，简陋而别致。

▲ 薛涛井／摄影 万锋
薛涛井位于望江楼公园内，相传薛涛曾在此汲水造纸。

　　女性文人在成都的生活也同样精彩，唐代女诗人薛涛就是其中之一。在杜甫到达成都十多年后，薛涛也跟随着父亲一起入蜀。谁承想，父亲很快就在成都病逝了，她被迫沦为乐伎，只能以为达官贵人作诗侍酒为生。

　　不过，生活的不幸并不影响她对精致的追求。除了写诗唱歌，她还会自己制作纸张。她制作的纸张小巧精致，颜色是浪漫的桃红色，一经问世，便受到文人们的追捧。后人也不断仿制，人称"薛涛笺"。

　　随着文人雅士的增多，成都逐渐变为一个艺术氛围极为浓厚的城市。人们常常聚在一块，谈论诗文、绘画和音乐，尽情地弹唱、跳舞，享用着美食、美酒，好不快活！再加上成都人天性乐观，生活中也总是充满了幽默与欢乐。

　　户外的娱乐活动同样规模盛大，经常是全民扶老携幼一起出动，官员和百姓们一同玩赏，其乐融融、热闹非凡。为了让成都真真正正地成为游乐胜地，人们还花费大力气建设了许多景点，浣花溪公园就是其中一处。为了方便观景，人们或修葺或新建大量亭台楼阁，有"观景摩天楼"——散花楼、"看江第一亭"——合江亭等，数不胜数。

同时，人们还在城市中栽种各类花木，有海棠、栀子、杜鹃、梅花、银杏等。其中最为著名的当数木芙蓉了，每当芙蓉花开，一片烂漫，成都也因此被称为"蓉城"，真是名副其实的"花园城市"！

▲（左）东汉击鼓说唱陶俑／摄影 纪秋梅
出土于成都天回山，这个陶俑的面部表情非常有喜感，被誉为"东汉第一俑"。

▲（右）陶女舞俑／摄影 石耀臣
这个陶俑戴着精致的头饰，脸上挂着喜庆的笑容在翩翩起舞。

▼ 合江亭／摄影 王新刚
合江亭始建于唐代，于北宋重修，位于成都府河与南河的交汇处，是文人墨客和老百姓休闲游玩的好去处。登上亭子，两江之景尽收眼底。

"安史之乱"时期，杜甫逃难来到成都，他在浣花溪边上建起自己的茅屋。在761年的农历八月，天气已转凉，某天，大风吹破了屋顶，下起了倾盆大雨。杜甫看着眼前的景象，联想到自己的遭遇以及当前国家混乱的时局，思绪万千……

茅屋为秋风所破歌

〔唐〕杜甫

八月秋高风怒号，卷我屋上三重茅。茅飞渡江洒江郊，高者挂罥*(juàn)长林梢，下者飘转沉塘坳*(ào)。

南村群童欺我老无力，忍能对面为盗贼。公然抱茅入竹去。唇焦口燥呼不得，归来倚杖自叹息。

俄顷(qǐng)风定云墨色，秋天漠漠向昏黑。布衾*(qīn)多年冷似铁，娇儿恶卧踏里裂。床头屋漏无干处，雨脚如麻未断绝。自经丧(sāng)乱少睡眠，长夜沾湿何由彻！

安得广厦千万间，大庇天下寒士俱欢颜！风雨不动安如山。呜呼！何时眼前突兀见(xiàn)此屋，吾庐独破受冻死亦足！

*罥：挂着。
*坳：低洼的地方。
*布衾：用布做的被子。衾，被子。

诗地：

茅屋：指的是杜甫草堂，杜甫逃难到成都时的居所。

释义：

八月进入了深秋时节，屋外突然刮起了呼呼的大风。屋顶的茅草被风一吹，就开始四处乱飞，有的飞到了浣花溪的对岸去，有的挂在了树枝上，有的则散落到池塘里。

南村的一群小孩子竟然欺负我岁数大，没力气，明目张胆地抱着茅草就往竹林里跑，任凭我喊得口干舌燥都止不住。唉，我也只能回到屋里，倚着拐杖无奈地叹息。

过了一会儿，风停了，天色也渐渐黑了下来。被子盖了许多年了，就像一块铁板一样，又冷又硬。孩子睡相也不好，被子都给蹬破了。

雨还在不停地下，屋顶滴滴答答地漏水，床头都湿透了，连一处干爽的地方都找不到。想想从"安史之乱"爆发以来，我就睡得很少了。这漫漫长夜又冷又湿的，要到什么时候才能熬到天亮呢。

怎样才能有千万间宽敞的大屋，让天下所有贫寒的读书人都能有容身之所，生活喜笑颜开，即便遇到刮风下雨天，自己的家也能安稳如山。唉！什么时候能有这样的房子，即便是秋风吹破了我的茅屋，让我受冻而死我也心甘情愿！

市井小民『燃烟火』

可惜到了明清之际，成都不再是安定的大后方，而是血腥的屠杀场。连年的战乱及屠杀使得四川人口锐减，成都也几乎成为空城，元气大伤。

不破不立，原来的成都被破坏了，这片土地上诞生了一个新成都。来自四面八方的移民大规模进入成都，以湖广移民人数最多，史称"湖广填四川"，成都人口组成发生前所未有的大换血。人们带着各自的生活方式，一起杂居，互相通婚，最终在成都这个熔炉中形成了全新的成都人。

一场真正的人间烟火即将点燃，它将让成都更加引人瞩目。来自各个地方的移民开始了他们在成都的创造：来自异乡的客家人来到成都的东郊，在洛带古镇落地生根。他们带来了自己的方言、风俗习惯、建筑等客家文化，独特的客家土楼在成都的土地上拔地而起。这里也成为中国西部最大、保存最为完整的客家古镇，堪称"中国西部客家第一镇"！

客家人带来了土楼，而满族人则按北方的习惯修建起类似胡同的宽窄巷子。如今的宽窄巷子商铺林立，游客如织，是闻名全国的历史文化街区。

▲ 彩釉陶侍从俑／摄影 张艳

出土于成都五里墩。此俑应为抬轿侍从，头戴圆顶笠帽，身穿蓝色长衣，头部微微向前倾，面带微笑，表情十分生动，现藏于成都博物馆。

◀ 成都市洛带古镇土楼／摄影 嘉楠

洛带古镇土楼保持着福建土楼的"原汁原味"。

清前期"湖广填四川"大移民

"湖广填四川"指的是从湖广到四川的大规模移民潮。历史上"湖广填四川"发生了两次，一次在元末明初，一次在清朝初期[1]。发生在清朝初期的移民是历史上规模最大、影响最深远的一次。从清康熙十年（1671年）开始，持续了100多年，人数达到四川总人口的60%。

哪些人移民到了四川？ "湖广"指的是现今湖北、湖南两地。元朝设置湖广行中书省，包括今湖南、广西、贵州和海南，以及湖北、广东的部分地区。清时期已经分省，但仍然沿用名称，称湖北、湖南两省为"湖广"。但是这次移民潮并不是只有湖广人迁移到四川，还有来自广东、江西、福建、陕西、贵州等其他地方的人口，只是因为这次移民以湖广移民人数最多，所以被称为"湖广填四川"。

为什么会移民到四川？ 明末时期，四川境内战火四起，绝大部分地区处于战乱的蹂躏中。战乱、屠杀、饥荒、瘟疫等灾难让四川人口大大减少，出现了"有可耕之田，而无耕田之民"的惨状。入主中原的清王朝，为了恢复和发展四川的经济，实施了一系列鼓励人们迁入四川生产和生活的政策，包括只要移民到四川就授予官职、给予土地等。除了政策原因以外，湖广地区一直受到旱灾、蝗灾、水灾的危害，人们不得不逃离原住地，选择容易谋生的地方。而四川，就是他们的目的地之一。

这次移民对四川有什么影响呢？ 这次移民活动让四川的农业、手工业和商业得到了恢复和发展。不同地区的文化相互碰撞，让四川形成了独特的巴蜀文化，比如陕西移民带过来的"秦腔"就大大丰富了川剧的形式。

▶ 清朝"湖广填四川"移民路线示意图
▼ 清代迁川移民省份来源

清代迁川移民省份来源

其他 1.4%
浙江 4.6%
贵州 4.8%
云南 1.0%
陕西 10.4%
湖广 32.9%
福建 12.8%
江西 13.9%
广东 18.2%

黄河
陕西
四川
湖北
长江
浙江
贵州 湖南 江西 福建
广东

图 例
⬅ 陆路
⬅ 水路
清四川范围（1820年）

---

1 清时四川范围大致相当于今天的四川和重庆。

成都

宽窄巷子原来是"胡同"？

宽窄巷子，是成都不可错过的景点之一。你知道吗？宽窄巷子曾经是一片胡同！

关于宽窄巷子的历史，可以追溯到两千多年前，这里曾是一座名为"少城"的小城。之后由于历代战争的破坏，少城曾遭受过几次摧毁。到了1718年，清康熙帝派人在少城遗址上修建了42条胡同，并派遣一批满族士兵在这里驻守和生活。随着满族人口的不断增加，原来的"少城"改名为"满城"。这时期的宽巷子名叫"兴仁胡同"，窄巷子名叫"太平胡同"，井巷子叫"如意胡同"（明德胡同），非常具有北方特色。

辛亥革命的爆发使得原来"满城"的城墙被拆除，出现了一批新的公馆、洋楼和民宅等建筑。虽然清朝的住宅也有部分被保留下来，但原来具有北方特色的"胡同城"被打破了，42条胡同只剩下3条。民国初年，当时的城市管理者把仅剩的这3条胡同改名为"巷子"，一个城市测量人员把宽一点的巷子叫"宽巷子"，窄一点的巷子叫"窄巷子"，有一口井的巷子叫"井巷子"，这就是"宽窄巷子"名称的由来了。

如今的宽窄巷子既有川西风格，同时也融合了北方古城的特色，游人络绎不绝，成为成都旅游的热门景点之一。

▼ 宽窄巷子／摄影 姜曦
宽窄巷子现在是成都著名的商业街。

清成都府城中的满城
（1875—1908年）

清远门（西门）

延康门

满

兴仁胡同（宽巷子）
太平胡同（窄巷子）
如意胡同/明德胡同（井巷子）

水西门

城

迎祥门

宽窄巷子位置

胡同和街巷
河流
城墙

通阜门

受福门（东门）

◀ 武侯祠内的茶馆／摄影 尹贵成
茶馆是成都生活的象征，一张桌子，一杯清茶，一壶热水，两三个好友，谈天说地，这是属于成都人的"巴适"生活。

◀ 川剧表演／摄影 朱建国
川剧是在本地灯戏的基础上，融合了苏、陕、鄂等地声腔而形成的地方戏曲。

　　建筑之外，人们还将各地的戏曲——江苏的昆曲、湖北的汉剧、陕西的秦腔，以及四川的高腔、灯戏等进行融合、改造、再创作，最终形成了独具特色，以变脸、吐火著称的川剧。

　　来自四面八方的美食也在这里融合，形成了平民化的美味川菜：火锅、串串香、担担面、赖汤圆、肥肠粉、钟水饺、夫妻肺片、伤心凉粉、麻婆豆腐、兔头、龙抄手……美食的香味代替了花香，成都的烟火气息愈发浓厚。

　　到了清末民国时期，西式商业街逐渐出现。今天成都的地标之一——春熙路，在民国时就已经是人头攒动的"中央商务区"了。这条路的名字来源于老子《道德经》中的"众人熙熙，如享太牢，如春登台"一句，其意思就是众人都十分欢乐，就像在享用着盛宴，也像是在春天游览着美不胜收的景色。如今百年过去，春熙路依旧熙熙攘攘，充满活力。

▶ 进击的大熊猫／摄影 李毅恒

成都地标性景观之一。这只由 3000 多块三角形构建的大熊猫高达 15 米，重 13 吨。这只大熊猫并不是 IFS（国际金融中心）商场设计建造的，而是来自一个公益项目，原计划展览活动结束后进行拆除，但由于太受人们喜爱，就被保留了下来。

　　而要说成都人民最热衷的社交活动，那当数喝茶和打麻将了。一进入茶馆，一上麻将桌，无论男女老少，大家都可以聚在一块，喝茶、聊天、打麻将，乱摆一气（"摆"是四川话"聊天"的意思）。

　　就这样，千千万万个不曾留下名字的市井小民，共同创造了风格多元的民居，创造了川剧、川菜，创造了遍布全城的茶馆，创造了繁华鼎盛的商业街，一言以蔽之，创造了成都的人情味和烟火气。

成都有哪些烟火特色?

📍 夫妻肺片: "夫妻废片"是我的曾用名

夫妻肺片是成都有名的一道凉菜,主要是把牛肉、牛心、牛肚、牛舌等卤制好的主料进行切片,并在上面浇上辣椒油、花椒面、醋等辅料制作而成。

相传"夫妻肺片"是在民国时期,由成都人郭朝华和妻子张田政创制的,但一开始它的名字其实是叫"夫妻废片"。"废片"是指牛肉铺卖不出去的边角料,比如牛头皮、牛心等。起初,妻子只是把丈夫从他打工的牛肉铺里带回来的边角料做成凉菜供家人食用。到了后来,为了帮补家计,妻子就把做的"废片"拿到集市上卖,结果意外地大受欢迎。

于是,郭朝华干脆辞掉牛肉铺的工作,和妻子搭档做起了"废片"生意。在街上,夫妻俩一唱一和地叫卖,场面十分温馨和睦,人们就把他们卖的"废片"亲切地称为"夫妻废片"。

后来,拥有了自家小店铺的郭氏夫妇觉得"夫妻废片"中的"废片"实在不太好听,于是,就取其谐音,把菜名改成"夫妻肺片"。虽然这道菜里并没有牛肺,但这个名字还是流传了下来。

▲ 夫妻肺片

📍 成都人的独创: 盖碗茶

清末时期,成都街巷有 516 条,而茶馆就有 454 家,如此算下来,几乎每条巷子都有一家茶馆。如今,成都的茶馆更是成为百姓生活中不可或缺的一部分。而茶馆中的盖碗茶,则可以说是正宗的"川味"特产了。

▲ 盖碗茶

盖碗茶包括茶盖、茶碗、茶船三部分。其中,茶船指的是茶杯的托。到成都的茶馆喝盖碗茶的时候,先用左手端起茶船,右手掀起茶盖,喝之前用茶盖刮一刮浮在上面的茶叶,让茶汤更清透,这才是喝盖碗茶的正确姿势哟! 盖碗茶还有不同的"暗语"呢。当你把茶盖向下靠着茶船时,就说明你的茶杯没水了,需要服务员帮忙倒水;而当你把茶盖朝上放进茶杯里,就说明你要结账离开,茶碗可以收走啦。

世界级名菜：麻婆豆腐

麻婆豆腐是一道闻名中外的名菜。火辣辣的红油包裹着白嫩的豆腐，炒得金黄的牛肉碎点缀其中。这道菜集齐了川菜"麻、辣、烫、酥、嫩、香、鲜"的特点，听着都让人嘴馋。而这道驰名川菜的始创地，就在成都。

相传，在一百多年前，成都万福桥边有一家小饭馆。那时掌管着这家小饭馆的是一位女老板，她的丈夫姓陈，由于她脸上有麻子，所以人们就称呼她为陈麻婆。而光顾小饭馆的都是以挑油为生的脚夫。他们每次挑油回来都会把油篓子里剩余的油倒出来，再买点牛肉、豆腐让陈麻婆帮忙加工。渐渐地，陈麻婆也研究出一手烹制豆腐的好厨艺，所做的豆腐色香味俱全，从此名声大噪。

如今，这份地道的川菜不仅闻名全国，更是名扬海外。世界各地的川菜馆中都有这道名菜，各国人都可以品尝到这一份成都的美味。

▲ 麻婆豆腐

老成都的温暖人情：代客冒饭

除了麻将、茶馆、川剧等这些人们耳熟能详的风俗以外，在市井味道十足的成都，还有许多独特的风土人情，它们有的充斥着喧哗热闹，有的则温情满满。代客冒饭这个民俗就代表着温暖的老成都。

"冒"是成都的一种烹饪做法，就是用开水烫，如现在常见的冒菜，就是这么做的。老成都的面馆，会提供一种人性化服务：代客冒饭。意思就是顾客们带来冷饭，面馆会用面汤把饭菜烫热，之后再撒些许葱花，滴几滴酱油，而面馆并不会收取任何费用。

这样细致体贴的做法是为了方便当时生活贫困的成都老百姓，是老成都的那份温暖人情的体现。如今，虽然这样的民俗已经看不到，但成都依然充满着人情味。

◀ 代客冒饭

尾声

第 5 幕

　　今天的成都，历经上千年的沧桑。各类新式建筑拔地而起，钢筋混凝土的高楼大厦代替了低矮的土墙瓦房；这里商业繁盛、交通发达；人们的生活方式前卫而多样，自由而舒适。成都的未来也更加令人期待。

　　而千百年来一直未变的，是传承至今、绵延不绝的烟火之气，这大概就是成都——在山水大舞台上，王侯将相、文人雅士、市井小民，你方唱罢我登场，共同营建的一个延续千年的烟火人间。

▼ 成都遥望四姑娘山／摄影 嘉楠

云南
是一场大碰撞中
折叠出的一个"立体大世界"

从皑皑雪山到莽莽雨林
从古老的物种到年轻的生命
空间与时间
在这里相互叠加

层层叠叠间
山叠水落，生灵汇聚，民族融合
造就了一个绚烂的彩云之南

4 云南

折叠出来的立体世界

横

梅里雪山6740米

高黎贡山

贡山

泸水

怒江

火晶山3002米

高黎贡山3374米

俅江

芒市

云南生物物种全国占比

数据源自：高正文，孙航 《云南省生物物种红色名录》
生态环境部，中国科学院 《中国生物多样性红色名录》
云南省林业与草原局

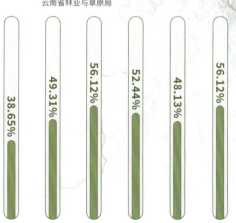

大型真菌	地衣	高等植物	脊椎动物	国家重点保护野生植物	国家重点保护陆生野生动物
38.65%	49.31%	56.12%	52.44%	48.13%	56.12%

▼ 云南地形图

云南省位于中国的西南地区，总面积 39.4 万平方千米，简称云或滇，省会为昆明市。云南省的地形以山地、高原为主，整体地势西北高、东南低，呈阶梯状下降。以红河断裂带（大致沿哀牢山—元江谷地一线）为界，云南可以分为东西两大地形区，西部是以高山峡谷为主要特征的横断山区，东部则是地势起伏较为和缓的云贵高原。

哈巴雪山5396米
玉龙雪山5596米
香格里拉
金沙江
泸沽湖
绵绵山
丽江
程海
大白顶峰3657米
金沙江
点苍山2590米
洱海
大理
无量山
哀牢山
元江
澜沧江
把边江
普洱
景洪

五莲峰2561米
五莲峰
昭通
黎山2678米
梁山
玉案山
拱王山
三台山
曲靖
楚雄
昆明
滇池
抚仙湖
玉溪
南盘江
元江
蒙自
南盘江
文山
西隆山3074米

云南各类地貌占比

山地84%
高原10%
坝子6%

图　例

◎ 省级行政中心
● 地级市行政中心
◎ 自治州行政中心
大理
○ 县级行政中心

—— 国　界
〜 常年河
湖　泊
▲ 山　峰

云南

四级阶梯地形示意图

▲ **卡瓦格博峰**-梅里雪山主峰
（最高点6740米）

第一级阶梯　　第二级阶梯　　第三级阶梯　　第四级阶梯

河口瑶族自治县
红河与南溪河交汇处
（最低点76.4米）

0　长度(千米)　　100　　200　　300　　400　　500　　600　　700　　800　856

提起云南，你会想到什么？是彩云之南的秀丽，是风花雪月的浪漫，还是四季如春的舒适？

现在，我们再认真地翻看上页的地图，你会发现，这是一片见所未见的"褶皱大地"。地球的"洪荒之力"在这里释放，大地碰撞挤压，地表扭曲变形。

扭曲的地表之上，散布着终年不化的雪山、宁静神秘的高原湖泊、奔流直下的大江大河，这里更是万千生灵的乐土、26 个世居民族理想的家园……这片大地的精彩程度，远远超出你的想象！

而赋予云南多彩底色的，正是一场时空的"大折叠"！

▼ 药山之巅／摄影 柴峻峰
药山位于云南省昭通市，主峰轿顶山海拔 4041.6 米。

折叠的山

第 *1* 幕

▶ 云南境内的横断山区范围

地图标注：
梅里雪山 6740
横断山
泸沽湖
独龙江
怒江
高黎贡山
澜沧江
绵绵山
玉龙雪山 5596
金沙江
程海
横断
点苍山 4122
洱海
元谋土林
哀牢山
无量山
澜沧江
三台山
滇池
抚仙湖
元
山区

N 0 50 100千米

距今 6500 万年[1] 以前，云南所在的区域，并没有高耸的雪山，也没有深深的峡谷，低矮的陆地和凹陷的盆地构成了它的主体。但是，一场超级大碰撞，改变了云南原有的面貌。

当时，位于西南部的印度洋板块朝着亚欧板块快速移动，距离越来越近，越来越近……咣当——印度洋板块一头撞上了亚欧板块。这是一场史诗级别的大碰撞。碰撞发生的地方，地表剧烈隆起，形成了世界屋脊——青藏高原。而与青藏高原紧邻的云南也受到波及，原本低平的地表，因为大地的挤压而形成了许多褶皱，云南的"空间折叠"开始了。

---

1 关于印度洋板块与亚欧板块的碰撞时间有争议，存在 6500 万年前、5000 万年前等多种观点。本书采用中国科学院丁林院士的观点，即 6500 万年前印度洋板块开始与亚欧板块发生碰撞。

6500万年前   5000万年前   4500万年前

100万年前

青藏高原的隆升，使云
南地区形成强烈褶皱

1500万年前

2500万年前

4000万年前

▲ 6500 万年来地球板块运动示意图
数据源自：Scotese, C.R. ,An Atlas of Phanerozoic Paleogeographic Maps: The
Seas Come In and the Seas Go Out.

受大碰撞的影响，云南从西到东的地表面貌产生了巨大的差异。西侧靠近大碰撞的中心，变形最为严重。受到挤压的大地弯曲折叠，形成了一列列密集的山脉，这就是云南西部的横断山脉。纵列的山脉就像是一条从青藏高原向云南铺展开的百褶裙，从西北向东南逐渐散开，梅里雪山、玉龙雪山、点苍山等鼎鼎大名的山峰点缀其间。

位于云南西北角的梅里雪山，其主峰卡瓦格博峰 [1] 海拔 6740 米，是云南省的第一高峰。这是一座有着完美金字塔外形的雪峰，夕阳之下，金光流散。因为山体陡峭，加上雪崩频发、山顶天气瞬息万变，常常有狂风、暴雨和浓雾，因而直到现在，它仍然是一座没有被人类踏足山顶的雪峰。

再往南，与梅里雪山遥相呼应的玉龙雪山，海拔 5596 米。与它处在同一纬度的中国东部地区，四季草木葱翠，而玉龙

雪山有了高度的加持，山顶上的积雪终年不化，拥有我国地理位置最南的冰川。它所在的位置不像青藏高原上的其他雪山那样遥不可及，相对比较"亲民"，很多人正是在这里邂逅了他们人生中的第一座雪山和第一条冰川。

山脉向南延伸，海拔也逐渐降低，主峰海拔 4122 米的点苍山横空出世，屹立在洱海之滨。山顶时常白雪皑皑，在阳光的照耀下，晶莹剔透，人称"苍山雪"，是大理久负盛名的"风花雪月"的来源之一。不过，点苍山之上的积雪并非终年不化，所以，它不是真正意义上的"雪山"。

▲ （上）玉龙雪山和山下的丽江古城／摄影 杜春森
▲ （下）点苍山最高峰马龙峰和山下的大理村庄／摄影 熊发寿
◀ 梅里雪山的主峰卡瓦格博峰／摄影 崔永江

1 至今没有人类成功登顶卡瓦格博峰，除了其本身险峻外，还有人为干预的因素。为了保护当地环境和文化，2001 年云南德钦县人大立法明令禁止卡瓦格博峰的登山活动。

云南的"风花雪月"在哪里？

"风花雪月"在古代诗词中用来指代四季的景色，或者指代"花天酒地"的生活。但对云南大理来说，"风花雪月"却是四绝美景，即"下关风""上关花""苍山雪"和"洱海月"。

下关风： 下关是大理市的下关镇，坐落在狭长的山谷地带。当风从宽阔的地方吹进狭窄的山谷时，风速增大，呼呼的大风从下关吹过，沿途的河湖表面掀起朵朵水花。

上关花： 上关就是大理市的上关镇，这里气候温和湿润，非常适合花木的生长。草甸之上，鲜花铺地，一片姹紫嫣红。而生活在这里的白族人也十分爱花，可以说是"家家流水，户户茶花"。

苍山雪： 点苍山有 19 座海拔 3000 米以上的山峰，它们自北向南依次排开，人称"苍山十九峰"。冬季雪后的点苍山仿佛披上了一件银白色的纱衣，在阳光的照耀下时而雪白无瑕，时而金光灿灿。而点苍山山腰上郁郁葱葱的树木与峰顶的白雪又相互映衬。

洱海月： 洱海并不是真的海，它是云南省第二大湖泊。月圆之夜，在洱海上泛舟荡漾，悬挂在高空中的明月倒映在湖面上，只见水中的月亮随着水波浮动，形成了一幅波光粼粼的画面。

是不是感觉充满诗情画意呢？如果有机会，不妨踏上旅程，去看看这专属于云南大理的"风花雪月"。

▶ **大理州位置及地形图**
大理州全称为大理白族自治州，首府为大理市。大理州地处云南省中部偏西，位于横断山脉与云贵高原的接合处，地势西北高，东南低。

图 例

大理	自治州行政中心
◎	县级行政中心
○	乡镇、村庄
——	地级界
〰	常年河
◯	湖泊
▲ 鸡足山 3248	山峰及高程（米）

▲ 大理洱海／摄影 杨继培

大理洱海的小普陀岛上空飘来一朵荚状高积云，又名"飞碟云"。

▲ 中华桫（suō）椤（luó）／摄影 莫明忠
中华桫椤是恐龙时代的孑遗物种，主要分布于中国的云南、西藏等地，是一种堪称"活化石"的古老蕨类植物。与其他低矮的蕨类植物不同，中华桫椤是一种能长至5米甚至更高的木本蕨类植物。它的羽状枝叶呈螺旋状，排列于茎干的顶端，就像撑起的伞盖一般，极具观赏性。

▲ 西黑冠长臂猿母子／摄影 张程皓
西黑冠长臂猿全身长有厚厚的毛发，雌雄颜色各异，雄性全身漆黑，雌性则为黄色。在国内，它们仅分布在云南地区，数量极为稀少。这对西黑冠长臂猿母子在丛林间游荡，就像亲子荡秋千一般，十分温馨。

▲ 树鼩（qú）／摄影 莫明忠
身披棕褐色毛发的树鼩正在树上享用着刚刚收获到的美食。树鼩是一种小型哺乳类动物，它的外表和行为与松鼠类似。又长又锋利的爪子大大提升了它的攀爬技能。

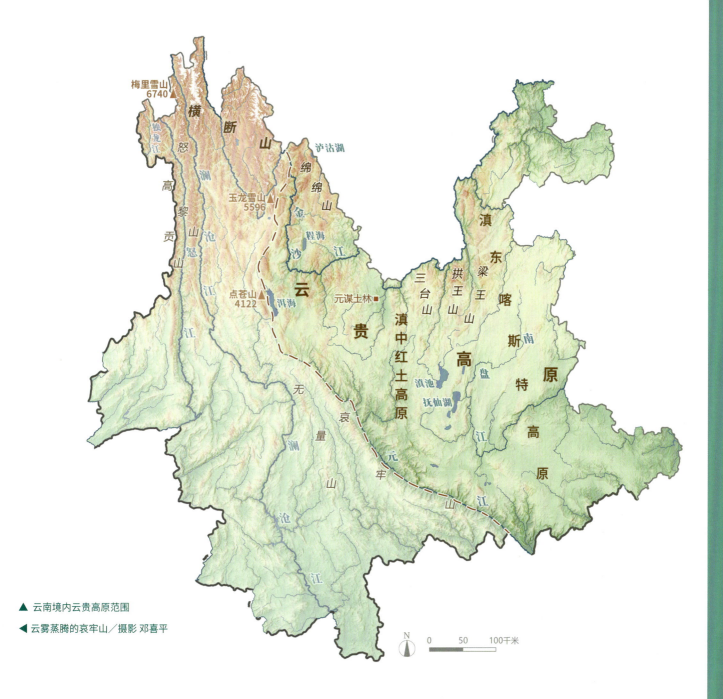

梅里雪山
6740

横断山

怒江

高黎贡山

独龙江

澜沧江

怒江

泸沽湖

绵绵山

玉龙雪山
5596

程海

金沙江

云

点苍山
4122

洱海

元谋土林

贵

滇中红土高原

三台山

拱王山

滇东梁王山

喀斯特高原

南盘江

滇池

抚仙湖

无量山

哀牢山

澜沧江

元

牢

江

▲ 云南境内云贵高原范围

◀ 云雾蒸腾的哀牢山／摄影 邓喜平

N
0   50   100千米

　　再往南，群山逐渐变矮。平均海拔 2000 余米的哀牢山，从西北到东南绵延近 500
千米。每年夏季，从太平洋和印度洋两个方向浩荡而来的水汽在这里交汇，哀牢山云雾缭
绕，云海蒸腾。湿润多雨的气候造就了广袤的森林，树冠稠密，从空中俯瞰，就如同一颗
颗浑圆的花菜。丛林之间，猿猴四处游荡，树鼩忙着觅食……一派欣欣向荣的景象。

　　百褶裙般的横断山区之外，云南的东部也在大地的挤压中隆起，成为云贵高原的一部
分。这里距离大碰撞的中心较远，整体地势高差没有横断山区大。因为覆盖地表的物质不
同，云南的东部可大致分为两个特色鲜明的部分：滇中红土高原和滇东喀斯特高原。

滇中红土高原，顾名思义，这里的土壤不是常见的黑色或者黄色，而是偏红色。土壤之所以呈红色，是由于其中含有较多的铁元素，铁元素被氧化后，就将土地"染"成了红色。放眼望去，大地上仿佛燃烧起了熊熊的火焰，层层叠叠的梯田分布其中，鲜艳夺目。而有些地方经过暴雨的冲刷，土层不断剥落，形成一根根巨大的土柱子，汇集成一片"泥土森林"，这就是土林。

▲ 东川红土地／摄影 滕洪亮
东川红土地位于云南省昆明市东川区，因土壤中铁元素氧化而呈现红色。

◄ 元谋浪巴铺土林／摄影 滕洪亮

"泥土森林" 是如何形成的？

云南楚雄的元谋县有一种特殊的地貌景观。从近处看，一根根土状的柱子伫立在眼前，它们造型独特，千姿百态，有的像一座古堡，有的像一把宝剑……置身其中，就仿佛进入了一个魔幻世界；从远处看，这一根根土柱汇聚成一片"泥土森林"。这就是世界地质奇观之一——云南元谋土林。这一大地奇观是如何形成的呢？

时光倒回到约 200 万年前，元谋土林所在的地方还是一片碧波荡漾的河湖。河湖中的砂石慢慢沉积下来，形成了厚度达约 700 米的沉积层。后来，由于地壳抬升，河湖逐渐消失，厚厚的沉积物露出地表，并出现了裂缝。地表流水开始对其展开攻势。

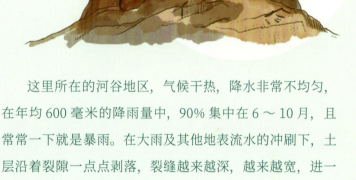

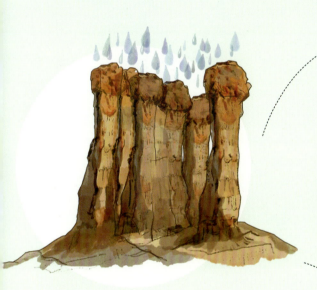

这里所在的河谷地区，气候干热，降水非常不均匀，在年均 600 毫米的降雨量中，90% 集中在 6 ～ 10 月，且常常一下就是暴雨。在大雨及其他地表流水的冲刷下，土层沿着裂隙一点点剥落，裂缝越来越深，越来越宽，进一步加速了土柱的塑造。

当我们仔细观察这些土柱的顶部时，会发现有一些明显不同的岩层，就像戴在土柱之上的一顶顶棕红色帽子，它们被称为铁质风化壳，是露出地表的岩石经过长时间的风化后残留下来的物质。它的耐风化性更强，不容易被侵蚀，就像是一把保护伞一样，对下方质地较软的岩层有着保护的作用。当流水不断侵蚀时，戴着"铁帽子"的土柱越来越细，最终会因为支撑不住"铁帽子"的重量而折断。失去"铁帽子"保护的土柱，加速风化，直至消失。

铁质风化壳

　　与滇中红土高原相邻的滇东喀斯特高原，则是另外一番景象。喀斯特为"Karst"的音译，原指斯洛文尼亚西部与意大利交界处的石灰岩高原。它的另一个中文名叫"岩溶"，也就是岩石被水溶解的意思。

　　滇东喀斯特高原原本是一片相对平整的石灰岩高原，而石灰岩有一大特点——容易被富含二氧化碳的水溶蚀。大自然中无孔不入的流水沿着石灰岩表面的裂隙向下渗，随着岩石不断地溶解，裂隙越来越大，越来越深，慢慢地，就形成了石林、峰丛、峰林、孤峰等地貌。而大地之下，岩石同样被地下流水"掏空"，形成了溶洞，溶洞不断扩大，坍塌形成天坑……这就是独特而多彩的喀斯特地貌。

◀ 普者黑的峰林／摄影 潘泉

普者黑位于云南省文山州丘北县，拥有美丽的喀斯特山水田园风光，每当朝阳初升或者夕阳西照时，霞光映照着峰林间的云雾，有如人间仙境。

▼（上）云南石林／摄影 罗瑞绅

石林地质公园位于云南省昆明市石林彝族自治县，是典型的石林喀斯特地貌集中分布区。从空中俯瞰，大地被流水溶蚀成"千刀万仞"，蔚为壮观。

▼（下）坝美村的溶洞／摄影 刘珠明

坝美村是云南省文山州广南县坝美镇下辖的一个村寨，曾经村民需要撑着小船穿过幽暗的溶洞进出村寨，清静悠然的环境如同陶渊明笔下的桃花源般令人神往。

高山与高原将云南的北部高高抬起，而越往南海拔越低，云南形成一个巨型阶梯。从最高点到最低点，从海拔6740米的卡瓦格博峰到海拔76.4米的红河与南溪河交汇处（位于河口瑶族自治县域内），海拔高度直降6663.6米。因此，云南也成为我国海拔差异巨大的省份之一。

　　这就是云南山的折叠，而接下来登场的水，则沿着这片折叠的大地逐级跌落，创造出另外一番精彩。

▼ 云南四级阶梯地形示意图
云南地势自西北向东南呈阶梯状下降。第一阶梯平均海拔4500米，群峰耸立，山峰海拔多在5000米以上；第二阶梯平均海拔3500米，高山与峡谷相间分布，山峰海拔多在4000米左右；第三阶梯平均海拔2400米，地形主要以高原为主；第四阶梯平均海拔小于1500米，主要分布着低山、盆地和河谷等。

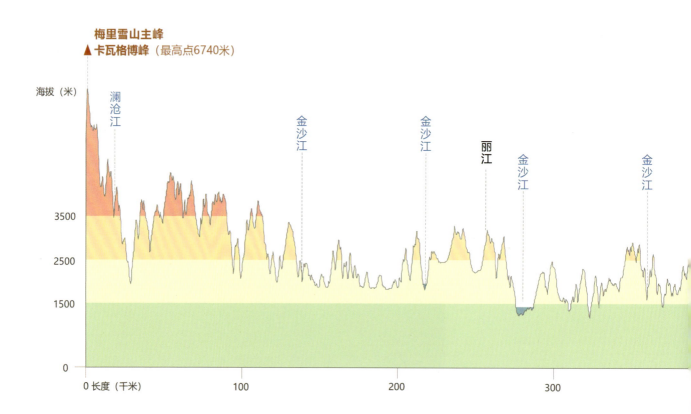

少年中国地理：秀丽南方

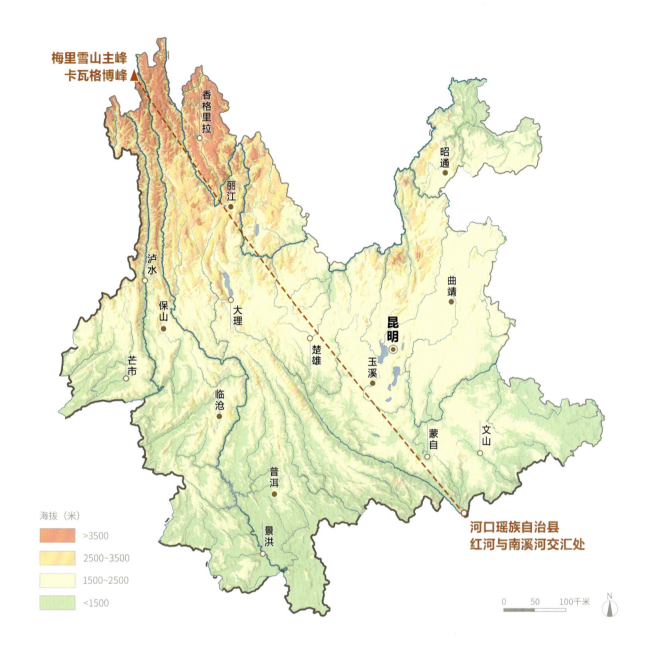

梅里雪山主峰
卡瓦格博峰 ▲

香格里拉

昭通

丽江

泸水

曲靖

保山

大理

芒市

楚雄

昆明

临沧

玉溪

蒙自

文山

普洱

景洪

河口瑶族自治县
红河与南溪河交汇处

海拔（米）
- >3500
- 2500~3500
- 1500~2500
- <1500

0   50   100千米

N

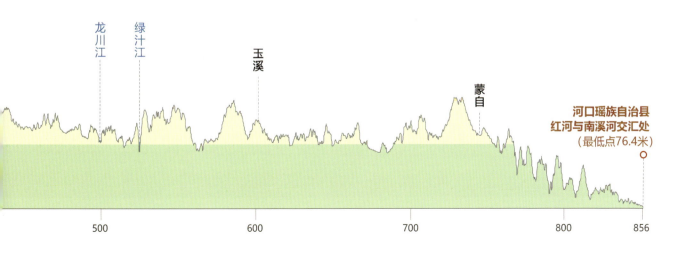

龙川江

绿汁江

玉溪

蒙自

河口瑶族自治县
红河与南溪河交汇处
（最低点76.4米）

500   600   700   800   856

云 南

153

跌落的水

第2幕

云南巨大的地势高差，大大增加了流水的势能。来自大气的降水以及来自雪山的冰雪融水，沿着云南这个"巨型阶梯"逐级跌落，在沿途形成独具特色的"阶梯"景观。

相对低平之处，上千个面积大于1平方千米的坝子[1]点缀其间。地壳沉降之处则积水成湖，形成包括滇池、泸沽湖、抚仙湖、洱海等高原湖泊，它们共同组成了高原上最美的一抹蓝色。

位于云南与四川交界的泸沽湖，湖面海拔2609.7米，是云南省海拔最高的湖泊之一。湖水清澈如镜，最大透明度可达11米。深蓝色的湖水倒映着四周环绕的群山，有如遗落山间的蓝宝石。

---

1 在云贵高原，周围较高、内部相对低平的小型盆地、河谷等，称为坝子。

▼ 抚仙湖／摄影 商睿

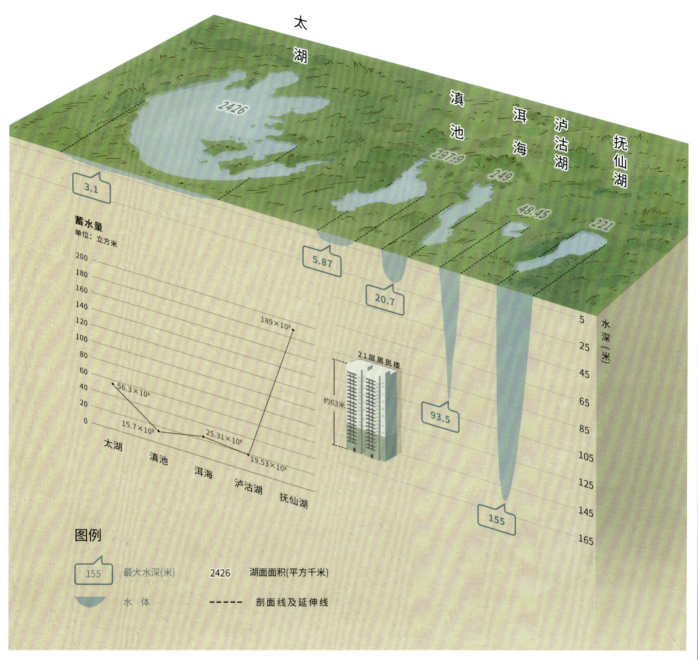

太
湖

滇
池

洱
海

泸
沽
湖

抚
仙
湖

2426

297.9

249

48.45

221

3.1

5.87

20.7

93.5

155

蓄水量
单位：立方米

200
180
160
140
120
100
80
60
40
20
0

189×10⁸

56.3×10⁸

15.7×10⁸

25.31×10⁸

19.53×10⁸

太湖　滇池　洱海　泸沽湖　抚仙湖

21层居民楼

约63米

水深（米）

5
25
45
65
85
105
125
145
165

图例

155　最大水深(米)　　2426　湖面面积(平方千米)

水　体　　-----　剖面线及延伸线

▲ 云南主要湖泊与太湖水深及面积对比图
该图仅体现湖水深度，不代表真实湖底地形。

　　而要论湖水的清澈程度，抚仙湖有过之而无不及，湖水水质极佳，与泸沽湖同属于一类水质。抚仙湖由地层断陷形成，形状狭窄细长，且水体极深，平均深度近90米，最深可达155米，是中国第三深的淡水湖泊。它的蓄水量极大，达到189亿立方米，以"一湖之力"储存了全国湖泊淡水资源总量的1/12。深、清、大，正是抚仙湖的特色标签。

当流水从高山上逐级跌落，就创造了一种充满力量的景观——瀑布。

云南大大小小的瀑布多达 500 多处，如有"珠江第一瀑"之称的大叠水瀑布，它从 100 多米高的高处跌落而下，激起的声响震彻河谷；落差近 400 米的滴水河瀑布，它飞身倾泻到崖底，溅起的水雾幻化出浪漫的彩虹。

位于云南罗平的九龙瀑布群，在仅仅 4000 米长的河道上，创造出十级宽窄不一、形态各异的瀑布。层层叠叠的流水向下倾泻，或雄伟险峻，颇有黄河壶口瀑布的气势；或秀丽温柔，在河道上跌落时拉起了一道道银白色的垂帘。十级瀑布与浅滩、深潭环环相连，形成一条串联着碧珠的绿色彩带。

▶ 大叠水瀑布／摄影 李政霖
▼ 九龙瀑布群／摄影 咏洲

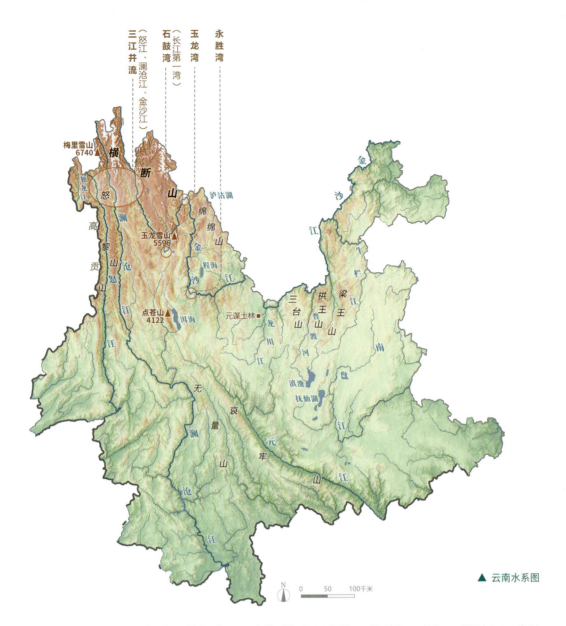

三江并流（怒江、澜沧江、金沙江）

三江并流

石鼓湾（长江第一湾）

玉龙湾

永胜湾

梅里雪山 6740

横 断 山

玉龙雪山 5596

点苍山 4122

高黎贡山

怒江

澜沧江

金沙江

绵绵山

泸沽湖

金沙江

怒江

独龙江

洱海

元谋土林

三台山

拱王山

梁王山

龙川江

滇池

抚仙湖

南盘江

无量山

哀牢山

元江

澜沧江

▲ 云南水系图

N 0 50 100千米

当万千水流汇聚起来，就组成了云南的"江河天团"。独龙江、怒江、澜沧江、金沙江、元江、南盘江六大江河从云南的山谷中奔腾而下，如千军万马般势不可当。其中，金沙江、澜沧江和怒江在云南的西北部并肩而行，沿着横断山间的山谷平行南流，形成了三江并流的奇观。

其中的金沙江，在流到丽江石鼓镇时，受到南部山地的阻挡，掉头朝北拐了一个150度的大弯，形成"石鼓湾"，这就是赫赫有名的"长江第一湾"。金沙江随后向北闯进了一道大峡谷——虎跳峡。当汹涌的江水涌出虎跳峡时，又受山地阻挡，再次掉头南下，形成"玉龙湾"。从玉龙湾流到丽江的永胜县时，金沙江拐了一个大直角，形成"永胜湾"。在山河碰撞中，金沙江连续三次拐弯，在云南境内变成了一条飘带，最终大江东去，成为孕育中华文明的母亲河——长江。

▲ 长江第一湾／摄影 崔永江

而其他江河也在横断山中不断地冲刷，并切割出了澜沧江大峡谷、怒江大峡谷、独龙江峡谷……它们共同构成了中国最壮观、最密集的高山峡谷区！最终，六大江河除金沙江、南盘江外，都流出了国门，为东南亚的众多国家提供了赖以生存的水资源。

▼ 虎跳峡／摄影 杜鹏飞
虎跳峡是金沙江第一大峡谷，山高谷深，雄奇险峻，金沙江水在这里激流咆哮，滚滚而下。

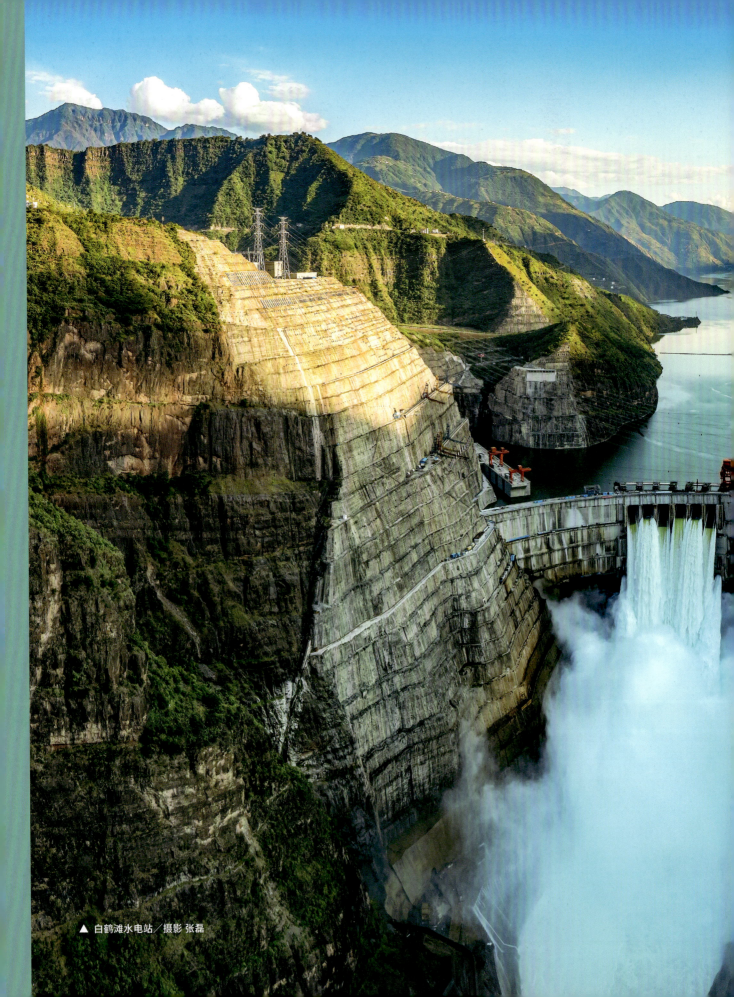
▲ 白鹤滩水电站／摄影 张磊

在这高山峡谷之间，滔滔之水一泻千里，能量巨大。一座座气势磅礴的水力发电站在此拔地而起，层层跌落的流水势能转换成源源不断的电能。2022 年建成的白鹤滩水电站，大坝高可达 289 米，相当于 100 层的高楼，装机容量可达 1600 万千瓦。其全面建成投产后，会是仅次于三峡的世界第二大水电站。除此之外，还有溪洛渡水电站、向家坝水电站、乌东德水电站、小湾水电站等大型水电站，它们利用奔腾咆哮的水流产生电能，通过输电线路点亮万家灯火。

至此，由西至东，从纵列的群山到大地溶蚀的喀斯特高原；由北至南，从静谧的高原湖泊到奔流的大江大河，云南的山山水水就在大地的碰撞中诞生了。而它，也从曾经的一片低矮平地，彻底折叠成了一个起伏多样的立体世界。

接下来，无数的生命在这个立体的空间中，相遇、碰撞……

云南是中国动植物物种最为多样的地区之一，各种各样或古老、或年轻的物种在此生长，而这也跟板块碰撞造就的山的折叠脱不开关系。

板块碰撞除了加剧云南地形的起伏，也让这里的气候变得多样。我们以卡瓦格博峰为例，受山地垂直地带性的影响，从山底到山顶几千米的垂直高度中，既能看到郁郁葱葱的森林，也能看到冰雪覆盖的世界，实现从夏天到冬天景观的无缝连接，这就是所谓的"一山有四季"。

正是在这样的切换中，古老的生命得以延续。这又是如何实现的呢？原来，当地球气候发生冷暖的剧烈变化时，有些地方的动植物会因为无法适应突变的环境而大量灭绝。但在云南，动植物可以通过"上山"或者"下山"的短距离迁移，找到温度适宜的地方生存下来。就在这"一上一下"之间，云南就成了生命的"避难所"。

在这里可以看到已经在地球上生存了上亿年的植物，它们的祖先很可能就曾经为某只恐龙遮过风、挡过雨。华盖木就是其中之一，它的树干笔直，树冠蓬大，高可达 40 米。不过，现存的华盖木已经非常稀少了。截至 2021 年，云南野生的华盖木仅剩52 株，堪称"植物界的大熊猫"。

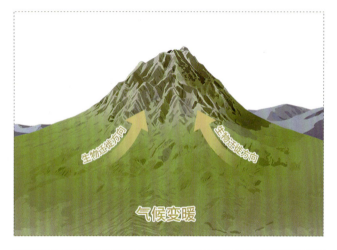

◀ 气候冷暖变化与生物上下迁移示意图

▶ 梅里雪山的主峰卡瓦格博峰／摄影 王剑峰
卡瓦格博峰峰顶云雾缭绕，雪白的冰川如瀑布般往山下倾泻，到了山麓，郁郁葱葱的森林铺满山坡。从山顶到山麓，景观差异显著。

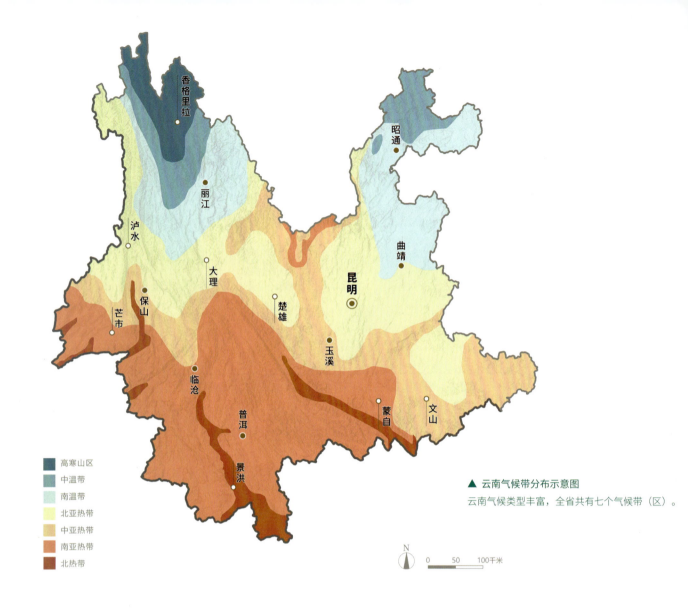

▲ 云南气候带分布示意图
云南气候类型丰富，全省共有七个气候带（区）。

高寒山区
中温带
南温带
北亚热带
中亚热带
南亚热带
北热带

N
0   50   100千米

　　除了生命的"避难所"之外，多样的环境也让云南成为新物种的"生产基地"。密集的高山峡谷将云南分割成一个个封闭而独立的小区域。翻过一座山，跨过一条河流，气候条件就有可能完全不同。在这样的一个个小区域中，动植物各自独立演化，形成了大量新物种。云南就是全球杜鹃花的演化中心之一，这里孕育出了 400 多种杜鹃花，占全世界所有杜鹃花种类的一半。除杜鹃花外，还有兰花、山茶花、百合等，都在云南的高山峡谷间演化出许多品种。

　　就这样，折叠的大地让古老的生命与富有朝气的生命穿越亿万年的时间，在此相遇。

　　从更大的视角来看，云南从南向北逐级升高，纬度因素和海拔因素的叠加，大大加剧了云南各区域间的气候差异。在云南南北约 900 千米的范围内，浓缩了从热带到寒温带共七个不同类型的气候带。如此丰富的气候类型，让无数的生命在这里生存、繁衍。

▲ 云南亚洲象群／摄影 云南省森林消防总队

▼ （上）西黑冠长臂猿／摄影 谢建国｜自然影像中国
这是一只雄性的西黑冠长臂猿，全身长满乌黑浓密的毛发，它平躺在树枝上，似乎在懒散地享受着不被打扰的时光。

▼ （下）绿孔雀／摄影 奚志农｜野性中国
不同于常见的蓝孔雀，绿孔雀是真正的中国本土种群，主要分布在云南省的西南部和南部。雄性绿孔雀头顶着一簇冠羽，头部、颈部、背部都呈现着绿色，在阳光照耀下绚烂夺目。

位于云南南部的西双版纳，气候终年高温，降水量大且集中在雨季。充足的水热条件，让这里拥有成片的热带雨林风光。雨林中，望天树可以生长到 80 米，相当于 30 层楼的高度。一棵棵挺拔笔直的望天树就像是在森林上空撑起的一把把绿伞。顶着天的是望天树，立着地的则是榕树。榕树有一个特殊的性质，它的树枝能长出气生根，当气生根接触到地面后，便扎进土壤，形成强大的支柱根，帮助支撑树冠。根生干，干生根，恣意生长的榕树，树冠覆盖面积可以超过 5000 平方米，相当于 12 个篮球场的面积，真正实现"独木成林"了。

茂密的丛林是野生动物生活的天堂，也是一些濒危动物最后的"庇护所"。曾经遍布中国大地的亚洲象，在经历了气候的变化和人类的侵扰后，如今只有西双版纳的热带雨林为它们提供栖息地，这里保存着中国最大的野生亚洲象种群。其他的珍稀动物，像绿孔雀、犀鸟、西黑冠长臂猿、穿山甲、马来熊、巨蜥、蟒等，都生活在这片热带丛林中，生命的喧闹令人赞叹。

走出热带雨林，在地处亚热带的沧源佤（wǎ）族自治县，生长着大片茂密的竹林。与其他地方不同，在这里，象征着谦谦君子的竹子也变得"膀大腰圆"，最粗直径可以达到36厘米，是竹类中最粗的一种，这就是巨龙竹。

再往北走，海拔高度在持续升高，动植物的面貌也因为气候的变化发生了改变。在滇中高原以及滇西北的高山中，适应高寒环境的松树和杉树造就了这里成片的针叶林，一片林海苍茫。随着四季的轮回，山林的色彩也在不断变换。而稀有的滇金丝猴就生活在这些高山上的森林中。它们是除人类之外，栖息地海拔最高的灵长类动物。

随着海拔的不断攀升，气温不断降低，森林也逐渐被大面积的高山、草甸所替代。繁花盛开时，这里便成了一片灿烂的天然花园。

从热带到寒带，从古到今，云南成了一个动植物王国，植物、动物种类都占到全国一半以上。云南让如此多样的生灵彼此相遇，那么，生活在其中的人类，又会如何呢？

▶ 巨龙竹／摄影 杨振｜中科院西双版纳热带植物园
巨龙竹主要分布在云南省西南部，高达 25 ～ 35 米，人与之相比显得十分娇小。

▼ 滇金丝猴一家／摄影 丁宽亮
滇金丝猴是中国的特有物种，主要分布于中国川、滇、藏三省区的交界处。它们有着灰黑的毛发，粉红色的嘴唇，头顶上一小撮黑色的冠毛十分醒目。

▼ 白马雪山的大果红杉林／摄影 彭建生
白马雪山位于云南省德钦县境内，深秋季节，低海拔处的森林
金光灿灿，随着海拔不断升高，高山又换上了一身雪白的衣装。

第4幕
会聚的人

云南在很早之前就成为人类迁徙的走廊，历史上发生过多次大规模的民族迁入。当拥有不同文化背景的人们分别从不同方向进入云南后，就被它的半封闭地形隔离，不断地分化出新的族群。

来自东南亚的孟－高棉语族群进入云南，在云南西部及西南部演化出了今天的布朗族、德昂族、佤族。

■ 德昂族
■ 佤 族
■ 布朗族

来自中国东南的百越族群，在云南的东部和南部，与当地居民融合，演化出了今天的傣族、壮族、布依族、水族。

■ 壮 族
■ 傣 族
■ 水 族
■ 布依族

来自中国西北的氐（dī）羌族群隔离分化更加突出。他们在云南的北部和西部，演化出了今天的彝族、白族、纳西族、傈僳族，以及哈尼族、景颇族、阿昌族、基诺族，还有怒族、拉祜（hù）族、独龙族等。

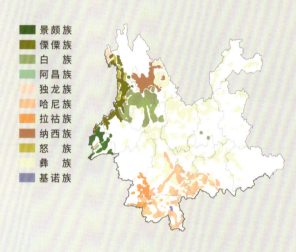

景颇族
傈僳族
白　族
阿昌族
独龙族
哈尼族
拉祜族
纳西族
怒　族
彝　族
基诺族

再加上唐代随吐蕃（bō）扩张进入云南的藏族；南宋末年及元代随着蒙古大军迁入的回族、蒙古族、普米族；明清时期因王朝更迭和战乱迁入的苗族、瑶族，以及历朝历代都有迁入的汉族。

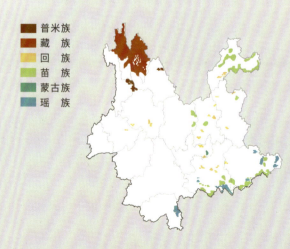

普米族
藏　族
回　族
苗　族
蒙古族
瑶　族

▲ 云南主要少数民族分布图

图中各少数民族居住区并非单一分布，现实中各个民族交错分布，表现为大杂居与小聚居。为了阅读清晰，本图仅表现少数民族的主要分布范围。

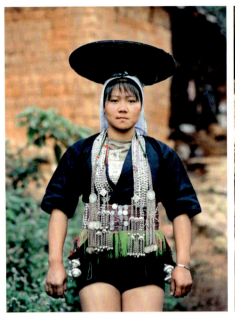

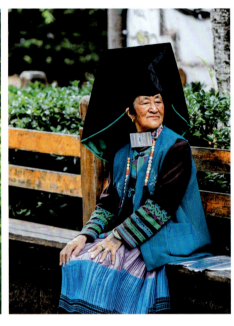

▲（左）哈尼族女性服饰／摄影 李贵云
哈尼族的支系奕车人，女性穿着的扭裆裤，类似现代紧身短裤。

▲（中）傣族女性服饰／摄影 饶颖
花腰傣是傣族的一个分支，女子斗笠反戴，将七彩织锦层层束腰。

▲（右）彝族女性服饰／摄影 李晓棠
彝族已婚妇女佩戴一种醒目的帽子，称为"哦尔"。

▼ 傈僳族女性服饰／摄影 和照
不同地区的傈僳族妇女的服饰颜色各异。花傈僳妇女衣着鲜艳夺目，衣裙、包头都由红、黄、蓝、绿等多种色彩的彩布组成。

就这样，来自四面八方的人们在这里会聚、分化，形成了26个世居民族，云南堪称"民族孕育所"，成为我国世居少数民族[1]最多的省份。

1 据云南省民族宗教事务委员会发布的信息，世居少数民族是指世代居住在某个地方或区域并形成村庄、街道等聚居群落的少数民族。目前除汉族外，云南拥有人口在6000人以上的世居少数民族25个。

云南人口最少的民族：独龙族

在云南这么多少数民族中，人口最少的独龙族只有6700多人。独龙族主要聚居在云南独龙江流域的河谷地区。在1952年以前，独龙族还没有一个统一的称号，而独龙族人则因为居住在独龙江流域而自称"独龙人"。直到1952年，周恩来总理根据民族的意愿，建议定名为"独龙族"。从此，独龙人终于有了自己民族的正式称谓——独龙族。

妇女文面是独龙族的一个特色习俗。独龙族的妇女会用竹签或者树针蘸着锅烟汁在脸部刻画花纹，不同的家族会文上不一样的图案，而文在脸上的青蓝色纹样将终身不褪。有的地区的妇女主要在前额、双颊、鼻子以及下颚等地方刺上花纹，而有些地区的妇女只在上唇和下颚刺上花纹。关于独龙族为什么要文面，说法不一。有的人认为是为了保护年轻的妇女不受外族强掠，有的人则认为这是独龙族妇女对美的追求。但如今，独龙族年轻的女性已不再文面，这种独特的习俗可能会在不久的将来彻底消失。

"独龙毯"是独龙族另一个显著的标志。独龙族人用麻皮、火草等野生植物制成线，然后用植物色素作为染料染线，并将它们纺织成布。这些独龙毯颜色艳丽，花纹各异，白天可以当成衣服穿，晚上还可以当作被子来盖。

▶ 独龙族妇女／摄影 刘辅伟

众多的民族又创造出多样的语言和文化。生活在丽江一带的纳西族创造了一种独特的文字——东巴文。这是目前世界上罕见的、仍在使用的原始象形文字和会意字。位于白沙古镇的东巴文字墙上刻画着许多东巴文，这些文字线条流畅，通过图画的形式来表现一个字、一个词或者一件事，生动形象，十分有趣。

在语言文字之外，各个民族还形成了千差万别的传统习俗，如被大众所熟知的傣族泼水节和彝族火把节。每到泼水节，傣族的男女老少通过泼水的形式向对方送上美好的祝愿。彝族火把节时，当夜幕降临，村寨里各家各户燃起的小火把堆成一个大篝火，熊熊火焰把夜空照得通明，村里的青年们穿着美丽的传统服装，围绕着篝火尽情歌舞，热闹至极。

除此以外，还有苗族的龙船节、哈尼族的十月年、傈僳族的澡塘会、纳西族的骡马大会、拉祜族的葫芦节、佤族的新火节、怒族的仙女节、藏族的藏历年、白族的三月街、普米族的大过年、布朗族的关门节、壮族的歌婆节、布依族的六月六、回族的开斋节、瑶族的盘王节……丰富多彩的节日，让人眼花缭乱。

不同的民族也在这里营造出独具风格的安居之所。白族的民居建筑人称"三坊一照壁，四合五天井"，与汉族的四合院同为合院式住宅，但是比北方四合院更加小巧精致，门楼建筑、门窗、照壁等都采用泥塑、木雕、彩画等进行装饰。与精致的白族民居不同，哈尼族的房屋则是粗犷而实用的，房顶四面铺满黄草，形似

◀ 彝族火把节／摄影 何新闻
每年农历六月二十四日是彝族的火把节，人们围着篝火，唱歌跳舞，共度热闹的夜晚。

▲ （左）大理点苍山下的白族仿古建筑／摄影 杨继培
▲ （右）哈尼族的蘑菇屋／摄影 万瑞

蘑菇，称为"蘑菇屋"。此外，还有彝族的土掌房、景颇族和傣族的竹楼、壮族的麻栏楼、布依族的石头房、藏族的碉（diāo）房、佤族的竹木茅草房……各个民族因地制宜、就地取材，独创出别具一格的民居。

不同的民族当然也有着不一样的生活方式。生活在海拔 3000 ～ 4000 米的藏族，以在高原上放牧为生；生活在山林中的拉祜族，刀不离身，在山林中狩猎；生活在山地的基诺族，种植了漫山遍野的茶树；生活在中低山区的哈尼族，开垦出超过 5000 级的梯田……

▼ 西双版纳傣族泼水节／摄影 薛云
泼水节是傣族人的新年节日，通常在农历清明节后十日左右，是属于傣族人的狂欢。

厉害了，哈尼梯田！——一处农耕文明的奇观

　　一级，两级，三级，四级……无数级梯田层层叠叠，在红河南岸绵延，规模宏大，气势磅礴！这就是位于云南省哀牢山南部的红河哈尼梯田。在不同的季节，哈尼梯田会呈现不同的色彩。春天秧苗青翠，夏天郁郁葱葱，秋天稻浪金黄，冬天银装素裹，哈尼梯田仿佛是一块大地的调色板，随着季节的变换，呈现出缤纷的颜色！这个堪称世界奇迹的农耕文明遗产，究竟是如何创造出来的呢？

◀ 哈尼梯田的缤纷四季——春／摄影 张洪科

◀ 哈尼梯田的缤纷四季——夏／摄影 王超

哈尼梯田的缤纷四季——秋／摄影 戴云良

哈尼梯田的缤纷四季——冬／摄影 何俊云

📍 哈尼族来啦！

两千多年前，哈尼族的祖先还是生活在青藏高原上的游牧族群。随后，在环境变化、外敌入侵、商贸往来等因素影响下，他们开始向南迁徙。通过横断山脉间的峡谷，他们来到云贵高原一带，其生活方式也在迁徙过程中逐渐由游牧转为定居农耕。其中一支于距今约一千三百年前来到哀牢山脚下，从此在这里定居，在哀牢山下开垦梯田，逐渐演变成了今天的哈尼族。

哈尼人如何与哈尼梯田共生?

哈尼人在梯田的稍高之处,建造了他们的村寨。为了适应多雨的气候,哈尼人从山林中采集植物的枝叶,做成倾斜的屋顶,而来自梯田的稻草和泥土则可以糊成土墙,这就形成了一个个屋顶尖尖的茅草屋,远远望去,就像是生长在林间的一朵朵蘑菇。于是,哈尼人的茅草屋就有了一个可爱的名字:蘑菇屋。

哈尼族有着原始的森林崇拜。在哈尼族村寨的上方和下方,一般会保留一片森林,被视为神灵的居所——神林。看起来十分广阔的梯田,实际上只占山地面积的20%,而村寨和道路只占5%,剩余的75%都是森林。丰富的森林植被让土地不受雨水的冲刷,同时还能截留部分雨水,起到防洪的作用。这也是哈尼梯田可以在这么长的时间里免受山洪或者泥石流毁坏的原因。

山顶有森林,山腰有村庄、梯田,梯田之下有河流。从高山上顺流而下的溪水,经过村寨,人们可以用其洗衣做饭,经过梯田,庄稼可以得到灌溉,最终水又汇入山底的河谷之中。森林、村寨、梯田、水系"四素同构",这是哈尼人与自然和谐共处的完美家园。

蒸发

蒸发

河谷

原有坡地

田埂

哈尼梯田是怎么建的?

第 1 阶段
开辟旱地

优先选择向阳的缓坡,将其开辟为旱地,在上面种植几轮玉米、高粱、麦子等旱地作物,这样可以让土地逐步变平整,同时,也能让山土逐步熟化为适合作物生长的耕作土壤。

第 2 阶段
堆垒田埂

当旱地变得更加平坦和成熟后,人们就在台地的边缘堆垒泥土,形成田埂。田埂有着蓄水、分界的作用,也供人们行走,是梯田建造至关重要的部分。人们在堆垒田埂时,每往上堆一层,就会用脚反复踩踏、夯实。田埂建成后,也并非一劳永逸,人们会定期在田埂内侧抹上黏土加固,年复一年,田埂也就越来越牢固了。这也是哈尼梯田能沿用千年的原因之一。

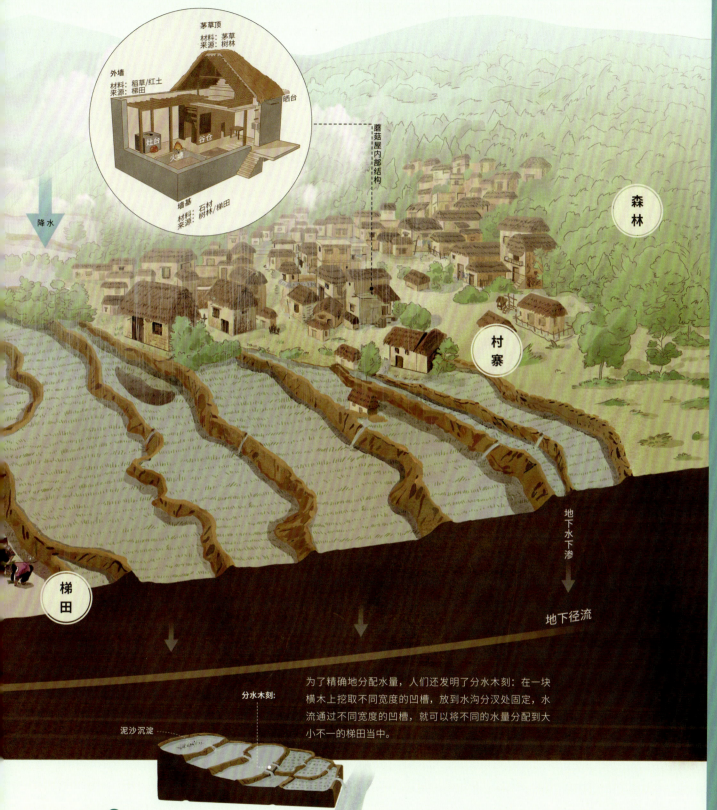

茅草顶
材料：茅草
来源：树林

外墙
材料：稻草/红土
来源：梯田

晒台

墙基
材料：石材
来源：树林/梯田

蘑菇屋内部结构

灶台 火塘 谷仓

降水

森林

村寨

地下水下渗

地下径流

梯田

为了精确地分配水量，人们还发明了分水木刻：在一块横木上挖取不同宽度的凹槽，放到水沟分汊处固定，水流通过不同宽度的凹槽，就可以将不同的水量分配到大小不一的梯田当中。

分水木刻：

泥沙沉淀

第 *3* 阶段

引水入田

田埂建好后就可以引水入田，旱地也就变成了水田。哈尼梯田的引水灌溉，同样是一个系统性的工程。人们在山腰上挖出一道道引水沟，引来高山之水，水流在汇入田地前要先通过水池沉淀砂石，随后通过不断地分汊流入大小不一的田块中。同时，每一级梯田还留有出水口，当水量足够时，水便顺势流入下一级梯田，逐级下降后，最终流入山脚下的河流。

▲ 多依树梯田／摄影 刘珠明

多依树梯田位于红河哈尼族彝族自治州元阳县。梯田平静的水面如同一面面晶莹剔透的镜子，美轮美奂。

▼ 菠萝饭

各个民族也在生产生活中创造出独特的民族美食。乳扇是白族独具特色的美食之一，鲜奶通过加工，然后晾晒制成薄片，不管是煎、烤、炸、炒，还是其他烹饪手法，都别有风味。

其他民族的美食也同样精彩，有汉族的宣威火腿，纳西族的丽江粑粑、鸡豆凉粉，藏族的酥油茶、青稞酒、糌（zān）粑，彝族的坨坨肉、烤小猪、辣子鸡，基诺族的糯米饭、芭蕉叶烧肉……此外还有很多不同民族互相影响，融汇成已经分不清属于谁的鲜花饼、舾（pá）肉饵丝、烧饵块、腊排骨、大救驾、卷粉、天麻炖鸡、小锅米线、沾益辣子鸡、豌豆粉、三七炖鸡、过桥米线、建水烧豆腐、铜锅鱼、油鸡枞（zōng）、稀豆粉……

种类如此丰富的美食，让云南成为各大美食节目的常客。

◀ 泡鲁达

▲ 鲜花饼

▶ 乳扇

菌子，一种属于云南人的"人间至味"！

"菌子"是云南人对各种食用菌的统称，它在云南人的心中，有着其他任何食材都无法替代的地位，它是云南人的"美食信仰"。来到云南的菜市场，你可以看到种类繁多的菌子，有鸡枞菌、竹荪（sūn）、松茸、猴头菇、牛肝菌、干巴菌……各种叫得上名、叫不上名的菌子看得人眼花缭乱。

📍 为什么云南人这么喜欢吃菌呢？

正所谓"靠山吃山，靠水吃水"。相比被称为"天府之国"的成都平原，云南地形崎岖，耕地较少，土地贫瘠，不利于农业的发展，但云南多样的气候、茂密的森林，使得各种各样的菌子都能找到绝佳的生长环境，这让云南成为全世界野生食用菌种类最为丰富的地区之一。

丰富多样的菌子自古以来就是云南人餐桌上的美味佳肴，而在饥荒等灾害频发的年代，菌子又为云南人的生存提供了宝贵的食物来源。就这样，菌子逐渐受到了云南人的偏爱，成了餐桌上的常客。

📍 云南有哪些常见的食用菌呢？

干巴菌

因为外形和绣球很像，也被称为"绣球菌"，主要生长在松树林里，与树木共生，因此闻起来会有一股松树的香气。烹煮后鲜美至极，嚼起来还有股特殊的肉香。

鸡枞菌

常常生长在白蚁巢附近，可以从白蚁的分泌物以及蚁粪中吸取营养，而白蚁则以鸡枞菌的菌丝为食，两者形成共生关系，鸡枞菌也被称为"蚁枞"。把鸡枞菌切丝下油锅做成鸡枞油，拌面绝佳的伴侣就这样诞生了。

竹荪

别名叫"长裙竹荪",主要生长在竹林下方。因为外形像穿着一条洁白的纱裙,所以也被人们称为"竹荪姑娘""蘑菇女皇""真菌之花"。它的口感爽脆,香气浓郁。

牛肝菌

主要生长在松树和栎树之下,牛肝菌是一个大家庭,它种类繁多,常见的种类就有十四种。它的菌体较大,肉质肥厚,吃起来香甜可口。

美味而有营养的菌子是大自然给予云南人的馈赠。但要注意的是,野生菌种类繁杂,很多都毒性十足,不只是外形奇特、颜色鲜艳的菌子,就连一些看起来朴实无华的菌类,也是有剧毒的!所以,你如果去云南,想要品尝菌子的美味,一定要在正规的市场购买,或在正规的餐厅食用,千万不要自己去野外采"蘑菇"哟!

云南山的折叠、水的跌落、动植物的相遇和多民族的会聚，共同成就了一片神奇的土地。

而今天的云南凭借着"折叠"的地形，在农业产业上创造出了一个新的局面：产自云南的茶叶享誉全国；这里拥有世界上纬度最高的橡胶基地，为国家提供了极为重要的战略资源；鲜花在这里四季生长，云南的鲜花产业占全国 70% 的市场份额。当然，把云南称为"水果天堂"也毫不为过。这里种植的水果科属约占中国水果科属的 90%。香蕉、杧果、波罗蜜、百香果、荔枝……不管是热带水果还是亚热带水果，你都能尝到那一口清甜的滋味。

水的跌落，使得云南有着极其丰富的水力资源。2020 年云南的水电装机容量达到 7480 万千瓦，约占全国的五分之一，是"西电东送"重要的电力来源。白鹤滩水电站总装机容量为 1600 万千瓦，仅次于三峡水电站，位居世界第二。

多样的地形、气候条件，也让云南成为中国重要的物种保护基地。大树杜鹃、台湾杉、怒江金丝猴、天行长臂猿、亚洲象、绿孔雀等许多古老的、特有的、珍稀的动植物，在云南繁衍生息。

▼ 景迈山古茶园／摄影 柴峻峰
景迈山古茶园位于云南省普洱市澜沧拉祜族自治县惠民镇景迈村，景迈山雨水充沛，土壤适合茶树生长，自古以来为盛产普洱茶的名山。从空中俯瞰，一棵棵茶树覆盖山地，组成了一条条清晰的大地纹路。

多元且独特的自然风光、民族、习俗和美食等，让云南成为许多人心中的向往之地。大理的苍山洱海、丽江的古城雪山、昆明的烂漫春花、西双版纳的热带风情……都是大家心中的向往之地，吸引着人们去云南走走看看。

从雪山冰川到江河湖泊，从葱绿丛林到茫茫草甸，在这里集中了如此多样的自然景观；古老与年轻的生命在此相遇，在这里建造出如此珍贵的"生灵乐园"；众多的民族在此会聚，在这里造就出如此多元的民族文化。这就是彩云之南，一场时空大折叠的创造，一片汇聚万千色彩的土地！

▲ 七彩云南／摄影 嘉楠

云南昭通上空的七彩祥云，学名"虹彩云"。云中有丰富的小水滴，太阳光线经过液滴后，会产生光的衍射和干涉现象，便形成了彩虹一样的色带。我们用肥皂水吹泡泡，在阳光下看到泡泡是彩色的，也是同样的原理。

参考文献

1 江南：江河湖海总动员

[1]ROMÁN M O，WANG Z，SUN Q，et al.NASA's Black Marble nighttime lights product suite. Remote Sensing of Environment[J].Remote Sensing of Environment，2018，210:113–143.

[2]UNESCO. The Grand Canal[Z/OL].[2021-08-27]. https://whc.unesco.org/en/list/1443/documents/.

[3] 沈寂主 . 老上海南京路 [M]. 上海：上海人民美术出版社，2003.

[4] 陈玮 . 同里古镇现代发展路径之研究 [D]. 苏州：苏州大学，2006.

[5] 陈祖恩 . 南京路 [M]. 上海：上海人民出版社，2020.

[6] 杜秀荣，唐建军 . 中国地图集 [M]. 北京：中国地图出版社，2011.

[7] 冯骥才 . 画史上的名作：中国卷 [M]. 北京：文化艺术出版社，2016.

[8] 葛剑雄 . 中国人口发展史 [M]. 福州：福建人民出版社，1991.

[9] 胡晓明 . 论江南认同之四要义 [J]. 华东师范大学学报（哲学社会科学版），2012，44(5):58-64,154.

[10] 江苏省标准地图服务 . 南京市标准地图 [CM/OL].[2021-06-10].http://zrzy.jiangsu.gov.cn/jsbzdt/dtll/30NJ/index.html.

[11] 江苏省标准地图服务 . 苏州市标准地图 [CM/OL].[2021-06-10].http://zrzy.jiangsu.gov.cn/jsbzdt/dtll/38SZ/index.html.

[12] 江苏省标准地图服务 . 扬州市标准地图 [CM/OL].[2021-06-10].http://zrzy.jiangsu.gov.cn/jsbzdt/dtll/48YZ/index.html.

[13] 江苏省昆山市千灯镇志编纂委员会 . 千灯镇志 [M]. 北京：方志出版社，2017.

[14] 姜师立 . 中国大运河遗产 [M]. 北京：中国建材工业出版社，2019.

[15] 姜希明 . 海洋物理 [M]. 青岛：中国海洋大学出版社，2015.

[16] 李伯重 . 江南的早期工业化（1550~1850 年）[M]. 北京：社会科学文献出版社，2000.

[17] 林达·约翰逊 . 帝国晚期的江南城市 [M]. 成一农，译 . 上海：上海人民出版社，2005.

[18] 林正秋 . 杭州古代城市史 [M]. 杭州：浙江人民出版社，2011.

[19] 刘墨 . 入山幽致叹无穷：黄公望的《富春山居图》赏析 [M]. 北京：文化艺术出版社，2010.

[20] 南京市地方志编纂委员会办公室 . 南京通史：六朝卷 [M]. 南京：南京出版社，2009.

[21] 南京市地方志编纂委员会办公室 . 南京简志 [M]. 南京：南京出版社，2014.

[22] 杭州市地方志编纂委员会 . 杭州市志：第 1 卷 [M]. 北京：中华书局，1995.

[23] 上海市标准地图服务 . 上海市标准地图 [CM/OL].[2021-06-10].http://shanghai.tianditu.gov.cn/map/views/standardMap.html.

[24] 谭其骧 . 中国历史地图集 [M]. 北京：中国地图出版社，1982.

[25] 王程，曹磊 . 京杭大运河的历史演变及文化遗产核心价值 [J]. 人民论坛，2019(30):140-141.

[26] 王露，叶自新 . 西湖三十景 [M]. 杭州：浙江科学技术出版社，2009.

[27] 魏嘉瓒 . 苏州古典园林史 [M]. 上海：上海三联书店，2005.

[28] 徐茂明 . 江南的历史内涵与区域变迁 [J]. 史林，2002(3):52-56,123.

[29] 徐耀新 . 周庄镇 [M]. 南京：江苏人民出版社，2017.

[30] 杨鸿勋 . 江南园林论：中国古典造园艺术研究 [M]. 上海：上海人民出版社，1994.

[31] 张茜 . 南水北调工程影响下京杭大运河文化景观遗产保护策略研究 [D]. 天津 : 天津大学，2014.

[32] 浙江省标准地图服务 . 杭州市地图 [CM/OL].[2021-06-10]. https://zhejiang.tianditu.gov.cn/standard/view/f5317a408b2c4193bfddd970e3919ac1.

2 福建：一部开拓者的传奇

[1]《中国海岛志》编纂委员会 . 中国海岛志 : 福建南部沿岸 福建卷 第 3 册 [M]. 北京 : 海洋出版社，2014.

[2]《中国海洋文化》编委会 . 中国海洋文化 : 福建卷 [M]. 北京 : 海洋出版社，2016.

[3]National Cultural Heritage Administration of the People's Republic of China. Quanzhou: Emporium of the World in Song-Yuan China[Z/OL].[2021-08-27].http://whc.unesco.org/document/180500.

[4]UNESCO.The Silk Roads Programme[Z/OL].[2021-06-10]. https://zh.unesco.org/silkroad/guanyusichouzhilu.

[5] 陈连增 . 中国海岛志 [M]. 北京 : 海洋出版社，2013.

[6] 陈瑞统 . 海上丝绸之路的起点——泉州 [M]. 福州 : 海峡文艺出版社，2014.

[7] 戴一峰 . 海外移民与跨文化视野下的近代鼓浪屿社会变迁 [M]. 厦门 : 厦门大学出版社，2018.

[8] 杜秀荣，唐建军 . 中国地图集 [M]. 北京 : 中国地图出版社，2011.

[9] 福建省地方志编纂委员会 . 福建省历史地图集 [M]. 福州 : 福建省地图出版社，2004.

[10] 福建省地方志编纂委员会 . 福建省志·地理志 [M]. 北京 : 方志出版社，2001.

[11] 福建省地方志编纂委员会 . 福建省志·民俗志 [M]. 北京 : 方志出版社，2000.

[12] 福建省泉州海外交通史博物馆 . 泉州湾宋代海船发掘与研究 [M]. 修订版 . 北京 : 海洋出版社，2017

[13] 葛剑雄 . 中国移民史 [M]. 福州 : 福建人民出版社，1997.

[14] 葛剑雄 . 福建早期移民史实辨正 [J]. 复旦学报 (社会科学版)，1995(3):165-171.

[15] 葛剑雄 . 中国人口史 [M]. 上海 : 复旦大学出版社，2005.

[16] 鼓浪屿世界文化遗产网 . 遗产地图 [CM/OL].[2021-06-10].http://www.glysyw.com/html/ycdt/.

[17] 顾煌杰 . 闽南沿海地区传统民居平面格局研究 [D]. 厦门 : 华侨大学，2019.

[18] 郭利民 . 中国古代史地图集 [M]. 北京 : 星球地图出版社，1988.

[19] 郭肖华，林江珠，黄辉海，等 . 闽台民间节庆传统习俗文化遗产资源调查 [M]. 厦门 : 厦门大学出版社，2014.

[20] 国家地图编纂委员会 . 中华人民共和国国家历史地图集 [M]. 北京 : 中国地图出版社，2012.

[21] 贺琛 . 水密隔舱海船文化遗产研究 [D]. 北京 : 中央民族大学，2012.

[22] 侯杨方 . 丝绸之路地理信息系统 [Z/OL].[2021-09-10].http://silkroad.fudan.edu.cn.

[23] 黄汉民，陈立慕 . 福建土楼建筑 [M]. 福州 : 福建科学技术出版社，2012.

[24] 李乾朗 . 穿墙透壁 : 剖视中国经典古建筑 [M]. 桂林 : 广西师范大学出版社，2009.

[25] 梁二平 . 海上丝绸之路 2000 年 [M]. 上海 : 上海交通大学出版社，2016.

[26] 廖大珂 . 福建海外交通史 [M]. 福州 : 福建人民出版社，2002.

[27] 林国平，邱季端 . 福建移民史 [M]. 北京 : 方志出版社，2005.

[28] 林开明 . 福建航运史 : 古、近代部分 [M]. 北京 : 人民交通出版社，1994.

[29] 刘锡涛 . 福建历史地理研究 [M]. 福州 : 福建教育出版社，2017.

[30] 梅青 . 鼓浪屿的世界文化遗产价值研究 [M]. 上海 : 同济大学出版社，2018.

[31] 王冠倬 . 中国古船图谱 [M]. 修订版 . 北京 : 生活·读书·新知三联书店，2011.

[32] 王其钧 . 中国民居 [M]. 上海 : 上海人民美术出版社，1991.

[33] 魏青 . 鼓浪屿历史国际社区——以社区为核心的世界遗产申报之路 [J]. 世界建筑，2019(11):38-43.

[34] 谢重光 . 福建客家 [M]. 桂林 : 广西师范大学出版社，2005.

[35] 谢重光 . 客家、福佬源流与族群关系研究 [M]. 北京 : 人民出版社，2013.

[36] 徐晓望 . 福建通史 [M]. 福州 : 福建人民出版社，2006.

[37] 阳林 . 华安二宜楼居住生活方式的变迁研究 [D]. 厦门 : 华侨大学，2013.

[38] 杨小川 . 闽系红砖建筑概论 [J]. 南方文物，2016(1):277-281.

[39] 章巽 . 中国航海科技史 [M]. 北京 : 海洋出版社，1991.

[40] 赵昭炳 . 福建省地理 [M]. 福州 : 福建人民出版社，1993.

[41] 邹逸麟 . 中国历史人文地理 [M]. 北京 : 科学出版社，2001.

3 成都：一片烟火人间的诞生

[1] 《成都通史》编纂委员会 . 成都通史 [M]. 成都 : 四川人民出版社，2011.

[2] 成都市地方志编纂委员会办公室 . "夫妻肺片" 还是 "夫妻废片"，原来还有这样一段故事 [EB/OL].(2019-11-25)[2020-06-28]. http://cdhistory.chengdu.gov.cn/cdfz/p/c108992-c108996-3347.

[3] 成都市地方志编纂委员会 . 成都市志 : 总志 [M]. 成都 : 成都时代出版社，2009.

[4] 成都五十年编辑部 . 成都五十年 :1949—1999[M]. 北京 : 中国统计出版社，1999.

[5] 戴宾 . 成都 : 现实与未来 [M]. 成都 : 西南交通大学出版社，2006.

[6] 都江堰市地方志办公室 . 都江堰市志 [M]. 北京 : 方志出版社，2013.

[7] 杜秀荣，唐建军 . 中国地图集 [M]. 北京 : 中国地图出版社，2011.

[8] 傅崇矩 . 成都通览 [M]. 成都 : 成都时代出版社，2006.

[9] 傅红，罗谦 . 剖析会馆文化透视移民社会——从成都洛带镇会馆建筑谈起 [J]. 西南民族大学学报 (人文社会科学版)，2004，25(4):382-385.

[10] 何一民，陆雨思 . 大古都条件变化视野下的成都大古都地位认定 [J]. 四川师范大学学报 (社会科学版)，2017，44(2):155-165.

[11] 何一民 . 中国城市史纲 [M]. 成都 : 四川大学出版社，1994.

[12] 华南农业大学 . 地质学基础 [M].2 版 . 北京 : 中国农业出版社，1990.

[13] 黄明，马春梅，朱诚 . 成都平原中—晚全新世环境考古研究进展 [J]. 古地理学报，2017，19(6):1087-1098.

[14] 孔军，周荣军 . 龙门山和成都地震构造区的划分 [J]. 震灾防御技术，2014，9(1):64-73.

[15] 蓝勇 . 清代四川土著和移民分布的地理特征研究 [J]. 中国历史地理论丛，1995(2):141-156，1.

[16] 李艳莉 . 成都市中心城历史建筑及街区保护与利用模式研究 [D]. 成都 : 西南交通大学，2005.

[17] 廖卫华 . 消费主义视角下城市遗产旅游景观的空间生产 : 成都宽窄巷子个案研究 [M]. 北京 : 科学出版社，2017.

[18] 刘前凤 . 浅谈成都平原的东周铁器 [J]. 三峡论坛 (三峡文学·理论版)，2011(1):29-34.

[19] 刘星辉 . 都江堰工程现状和历史问题 [M]. 成都 : 四川科学技术出版社，2014.

[20] 彭述明，谭徐明 . 都江堰史 [M]. 北京 : 科学出版社，2004.

[21] 四川省地方志编纂委员会 . 都江堰志 [M]. 成都 : 四川辞书出版社，1993.

[22] 孙晓芬 . 清代前期的移民填四川 [M]. 成都 : 四川大学出版社，1997.

[23] 谭其骧 . 中国历史地图集 [M]. 北京 : 中国地图出版社，1982.

[24] 王跃，马骥，雷文景 . 成都百年百人 [M]. 成都 : 四川人民出版社，2008.

[25] 魏登云，曹先东 . 论清前期"湖广填四川"移民情况及其影响 [J]. 遵义师范学院学报，2019，21(6):13-18.

[26] 吴萌 . 秦汉成都城市用水与布局刍议 [J]. 中华文化论坛，2014(6):28-31.

[27] 许诗雨，张菁，沈从乐 . 到成都去！[J]. 第一财经周刊，2016，23.

[28] 袁庭栋 . 成都街巷志 [M]. 成都 : 四川文艺出版社，2016.

[29] 张承隆 . 天府之国四川 [M]. 北京 : 中国旅游出版社，2015.

[30] 张颖玲 . 湖广填四川移民历史研究 [J]. 西部学刊，2019(22):110-112.

[31] 周勇 . 君从何处来 : 重走湖广填四川移民之路采访纪实 [M]. 重庆 : 重庆出版社，2015.

[32] 曾智成 . 成都市井 [M]. 成都 : 成都时代出版社，2015.

[33] 曾智中，尤德彦 . 文化人视野中的老成都 [M]. 成都 : 四川文艺出版社，1999.

4 云南：折叠出来的立体世界

[1]《红河哈尼族彝族自治州概况》编写组 . 红河哈尼族彝族自治州概况 [M]. 北京 : 民族出版社，2008.

[2]Scotese，C.R.，An Atlas of Phanerozoic Paleogeographic Maps: The Seas Come In and the Seas Go Out.[J].Annual Review of Earth & Planetary Sciences，2021，49(1):679-728.

[3] 杜秀荣，唐建军 . 中国地图集 [M]. 北京 : 中国地图出版社，2011.

[4] 高昆谊，朱慧贤 . 云南生物地理 [M]. 昆明 : 云南科学技术出版社，2008.

[5] 高正文，孙航 . 云南省生物物种红色名录 [M]. 昆明 : 云南科技出版社，2021.

[6] 红河州地方志编纂委员会办公室 . 红河州志 :1978~2005[M]. 昆明 : 云南人民出版社，2013.

[7] 胡金明，何大明，李运刚 . 从湿季降水分异论哀牢山季风交汇 [J]. 地球科学进展，2011，26(2):183-192.

[8] 黄绍文 . 诺玛阿美到哀牢山 [M]. 昆明 : 云南民族出版社，2007.

[9] 极小种群野生植物综合保护团队 .2018 年极小种群野生植物拯救保护通讯 [Z/OL].(2019-08-16)[2020-06-18].http://kbg.kib. cas.cn/kxyj/zlxz/wxzl/201912/P020191225574746042160.pdf.

[10] 昆明师范学院史地系 . 云南地理概况 [M]. 昆明 : 云南人民出版社，1978.

[11] 李德洙 . 中国民族百科全书 [M]. 西安 : 世界图书出版西安有限公司，2015.

[12] 吕望舒 . 生态环境部和中科院联合发布中国生物多样性红色名录 [N/OL]. 中国环境报，2018-05-23[2022-10-10]. http:// epaper.cenews.com.cn/html/1/2018-05/23/01B/2018052301B_pdf.pdf.

[13] 闵庆文，田密 . 云南红河哈尼稻作梯田系统 [M]. 北京 : 中国农业出版社，2015.

[14] 明庆忠，童绍玉 . 云南地理 [M]. 北京 : 北京师范大学出版社，2016.

[15] 钱方，凌小惠 . 元谋土林成因及类型的初步研究 [J]. 中国科学 B 辑（化学 生命科学 地学），1989(4):412-418，449-450.

[16] 生态环境部，中国科学院 .《中国生物多样性红色名录—大型真菌卷》评估报告 [R/OL]. (2018-05-17)）[2022-10-10]. https://big5.mee.gov.cn/gate/big5/www.mee.gov.cn/xxgk2018/xxgk/xxgk01/201805/W020180926382629921552.pdf.

[17] 王声跃，张文 . 云南地理 [M]. 昆明 : 云南民族出版社，2002.

[18] 王叔武 . 云南少数民族源流研究 [J]. 云南民族学院学报（哲学社会科学版），1985(1):30-41.

[19] 王苏民，窦鸿身 . 中国湖泊志 [M]. 北京 : 科学出版社，1998.

[20] 王文光，尤伟琼，张媚玲 . 云南民族的历史与文化概要 [M].2 版 . 昆明 : 云南大学出版社，2016.

[21] 王学良，何萍 . 云南元谋土林风景区地貌的形成与演化研究 [J]. 楚雄师范学院学报，2007，22(9):56-59.

[22] 谢洪忠，杨世瑜，王守军 . 元谋土林地质景观特征及其旅游开发与保护 [J]. 南方国土资源，2005(9):21-23.

[23] 薛琳 . 新编大理风物志 [M]. 昆明 : 云南人民出版社，1999.

[24] 姚佳琳 . 清嘉道时期云南灾荒研究 [D]. 昆明 : 云南大学，2015.

[25] 叶文 . 云南风景地理学 [M]. 北京 : 科学出版社，2017.

[26] 尤中 . 云南民族史 [M]. 昆明 : 云南大学出版社，1994.

[27] 袁国友 . 明清时期云南农村居民的饮食风俗 [J]. 云南民族大学学报 (哲学社会科学版)，2018，35(1):150-160.

[28] 云南省生态环境厅 . 云南省生物多样性保护战略与行动计划 (2012—2030 年)[R/OL].(2013-06-08)[2020-06-18].http://sthjt.yn.gov.cn/zwxx/zfwj/yhf/201306/t20130608_39091.html.

[29] 云南省统计局 . 云南统计年鉴 2018[M]. 北京 : 中国统计出版社，2018.

[30] 张光亚 . 云南食用菌 [M]. 昆明 : 云南人民出版社，1984.

[31] 中国科学院昆明分院 . 昆明植物研究所主持编研的《云南省生物物种名录》(2016 版) 正式发布 [Z/OL].(2016-05-25)[2022-07-05].http://www.kmb.ac.cn/yxdt/201605/t20160525_4610434.html.

[32] 中国社会科学院 . 中国语言地图集 [M]. 北京 : 商务印书馆，2012.

[33] 朱映占，翟国强，龙晓燕 . 云南民族通史 : 全 2 册 [M]. 昆明 : 云南大学出版社，2016.

图书在版编目（CIP）数据

少年中国地理 . 秀丽南方 / 星球研究所著 . -- 长沙：湖南科学技术出版社，2023.1（2024.9重印）
ISBN 978-7-5710-1841-2

Ⅰ . ①少⋯ Ⅱ . ①星⋯ Ⅲ . ①地理—中国—少儿读物
Ⅳ . ① K92-49

中国版本图书馆 CIP 数据核字 (2022) 第 190207 号

上架建议：地理·普及读物

SHAONIAN ZHONGGUO DILI.XIULI NANFANG
少年中国地理 . 秀丽南方

著　　　者：星球研究所
出 版 人：潘晓山
责任编辑：刘　竞
监　　制：毛闽峰
策划编辑：陈　鹏　史义伟
特约编辑：孙　鹤
特约审定：张志亮
营销编辑：杜　莎　刘　珣　焦亚楠
封面设计：郑伯容　鲁明静
版式设计：潘雪琴　鲁明静　王　巍
出　　版：湖南科学技术出版社
　　　　　（湖南省长沙市芙蓉中路 416 号 邮编：410008）
网　　址：www.hnstp.com
印　　刷：北京中科印刷有限公司
经　　销：新华书店
开　　本：870mm×1120mm　1/16
字　　数：203 千字
印　　张：12.25
版　　次：2023 年 1 月第 1 版
印　　次：2024 年 9 月第 4 次印刷
审 图 号：GS（2022）4751 号
书　　号：ISBN 978-7-5710-1841-2
定　　价：98.00 元

若有质量问题，请致电质量监督电话：010-59096394
团购电话：010-59320018